FICHA CATALOGRÁFICA

(Preparada na Editora)

Xavier, Francisco Cândido, 1910-2002.

X191 *Lealdade* / Francisco Cândido Xavier, Maurício Garcez Henrique (Espírito), Hércio Marcos Cintra Arantes. Araras, SP, 7ª edição, IDE, 2008.

128 p.: 12 il.

ISBN 978-85-7341-410-3

1. Espiritismo 2. Psicografia I. Henrique, Maurício Garcez. II. Arantes, Hércio Marcos Cintra, 1937- III. Título

CDD -133.9
-133.91
-133.901 3

Índices para catálogo sistemático:

1. Espiritismo 133.9
2. Psicografia: Mensagens: Espiritismo 133.91
3. Vida depois da morte: Espiritismo 133.901 3

Lealdade

7ª edição - setembro/2008
1ª reimpressão - junho/2013
45.001 ao 46.000 exemplares

Projeto Editorial:
Jairo Lorenzetti

Capa:
César França de Oliveira

Diagramação:
Maria Isabel Estéfano Rissi

INSTITUTO DE DIFUSÃO ESPÍRITA
Av. Otto Barreto, 1067 - Cx. Postal 110
CEP 13600-970 - Araras/SP - Brasil
Fones (19) 3543-2400
CNPJ 44.220.101/0001-43
Inscrição Estadual 182.010.405.118
www.ideeditora.com.br
editorial@ideeditora.com.br

INSTITUTO DE DIFUSÃO ESPÍRITA

ide

IDE EDITORA É APENAS UM NOME FANTASIA UTILIZADO PELO INSTITUTO DE DIFUSÃO ESPÍRITA, ENTIDADE SEM FINS LUCRATIVOS, QUE PROMOVE EXTENSO PROGRAMA DE ASSISTÊNCIA SOCIAL, O QUAL DETÉM OS DIREITOS AUTORAIS DESTA OBRA.

FRANCISCO CÂNDIDO XAVIER
HÉRCIO MARCOS C. ARANTES

Lealdade

Pelo Espírito
Maurício Garcez Henrique

ÍNDICE

ÍNDICE DAS ILUSTRAÇÕES

LEALDADE

Amigo Leitor:

Este livro é um documentário original, apresentando-nos um jovem amigo que, transferido para a Vida Maior, em lamentável acidente, volta ao Plano Terrestre, no intuito de fazer justiça ao companheiro que lhe assistiu a provação.

*

Aqui vemos Maurício Garcez Henrique, transfigurado em intérprete da justiça, falando por si e angariando cooperadores que o auxiliassem no empreendimento de evidenciar a inculpabilidade de um amigo.

*

Livro de páginas veementes, das quais o nosso irmão Hércio Arantes se faz o legítimo relator, entretecendo comunicados do Mais Além e considerações traçadas por ele mesmo e por outros respeitados colaboradores, em derredor do assunto, o trabalho realizado nos sensibiliza e nos esclarece.

*

Acima de tudo, amigo leitor, oferecemo-lo à sua estimada atenção, a fim de reconhecermos, mais uma vez, que o trabalho do bem e da verdade prossegue além do Plano Físico e que a lealdade, entre irmãos, continua além da morte, por vínculo de elevação na Vida Imortal.

Emmanuel

Uberaba, 8 de junho de 1982.

1

ACIDENTE FATAL

Na manhã de 8 de maio de 1976, no bairro Campinas da cidade de Goiânia, Goiás, uma brincadeira com revólver ocasionou a perda de uma vida e deu origem a doloroso drama, que se arrastaria por muitos anos, alcançando, inclusive, repercussão em todo o país.

Quando pela primeira vez pegava em arma de fogo, o estudante José Divino Nunes, de 18 anos, na residência de seus pais, atingiu, casualmente, o seu inseparável amigo Maurício Garcez Henrique, de 15 anos, com um tiro no tórax.

Maurício foi conduzido às pressas ao hospital mais próximo pelos familiares de seu colega, na tentativa de salvar-lhe a vida. Mas, faleceu, poucos minutos antes de receber os primeiros socorros.

*

Desde a sua primeira declaração à autoridade policial, José Divino negou que tivesse desejo de matar Maurício, afir-

A última foto de Maurício, na festa de sua formatura do Curso de Primeiro Grau, em dezembro de 1975, poucos meses antes de seu desenlace.

mando ter sido também vítima de terrível fatalidade, ao provocar-lhe, involuntariamente, um ferimento fatal. Vizinhos e colegas de escola, sempre freqüentando a mesma classe, eram amigos íntimos havia quatro anos.

Mas, por força da Lei, abriu-se um inquérito policial para apuração do fato delituoso.

As páginas 19, 20, 91 e 92 (Reconstituição dos eventos) e 100 do Processo assim registrou o interrogatório de José Divino, única testemunha ocular do fato:

"(...) no dia que se deu o fato, ambos estavam no quartinho de despensa que fica anexo à cozinha, e após 25 minutos deu vontade de fumar na vítima, sendo que ele pediu ao declarante que lhe desse um cigarro e que por motivo do mesmo não tê-lo, a vítima foi até onde estava a pasta do pai do declarante para tirar cigarro. Pois os mesmos estavam acostumados a pegar cigarros naquele objeto, mas não encontrando-os, a vítima pegou o revólver que o pai do declarante sempre guardava na pasta, quando não a usava em seu serviço de Oficial de Justiça. Em seguida, na presença do declarante, a vítima manejou o revólver de maneira que o seu tambor caiu para a esquerda, havendo a queda dos cartuchos dentro da pasta. Pensando que a arma se encontrava vazia, a vítima puxou o gatilho em direção do declarante por duas vezes. Neste momento, o declarante disse à vítima que seu pai não gostava que mexesse nas coisas dele e que lhe entregasse a arma, sendo que o declarante tomou a mesma da mão dele. Em seguida, a vítima saiu para a cozinha para buscar cigarros, que fica à esquerda do local onde estavam. No quartinho existe um espelho grande – do guarda-roupa, que fica ao lado da porta que dá para a cozinha – e o declarante olhava para ele, brincando com aquela arma, e quando sintonizava uma estação no aparelho de rádio, colocado sobre o guarda-roupa, puxou o gatilho no exato momento em que a vítima, vinda da cozinha, entrava pela porta. A arma detonou, indo o projetil atingir a vítima, que gritou, sendo socorrida pela mãe do declarante, juntamente com ele, e a seguir levada, de táxi, ao Hospital mais próximo." (*)

Os peritos que realizaram a reconstituição dos eventos concluíram que "a versão narrada por José Divino pode ser aceita", por inexistir contradição entre sua palavra e os dados técnicos.

OS PAIS DE MAURÍCIO BUSCAM CONSOLO E ORIENTAÇÃO

Enquanto o Processo seguia os trâmites normais, os pais de Maurício, desconsolados, procuraram orientação e paz à luz do Espiritismo.

Abordando essa fase tão difícil da família, colhemos do progenitor, sr. José Henrique, os seguintes esclarecimentos, em breve entrevista:

Como foi o primeiro contato de sua família com a Doutrina Espírita?

"Quando nosso filho desencarnou, nós éramos católi-

(*) O texto do inquérito policial foi aqui reproduzido fielmente, sem nenhuma correção. (Nota do Organizador)

cos. Seis dias após o acidente, recebemos a visita espontânea de D. Augustinha Soares Gregoris e de D. Leila Inácio da Silva, residentes aqui em Goiânia, mães dos falecidos jovens Henrique Gregoris e Izídio, respectivamente. Não mantínhamos, naquela época, relações de amizade, mas nos ofertaram, fraternalmente, diversas mensagens mediúnicas de autoria de ambos e recebidas por Chico Xavier. Foi a primeira vez que tomamos conhecimento de que os mortos escrevem."

O senhor e sua esposa aceitaram tais novidades com facilidade?

"Foi muito difícil aceitar. A dor, porém, era tão grande que transpusemos as barreiras religiosas e, para inteirarmonos do assunto, começamos a ler livros espíritas. O primeiro foi *Perda de Entes Queridos,* de D. Zilda G. Rosin, que apresenta mensagens vindas do Além, de autoria de dois filhos da autora."

Logo deduziram que Maurício também poderia escrever?

"Exatamente. Sentindo que as cartas vindas do Mundo Espiritual eram convincentes, concluímos, por nós mesmos, que deveríamos visitar o Chico. Tal plano se concretizou em julho de 1976, três meses após a desencarnação de Maurício, quando estivemos pela primeira vez no Grupo Espírita da Prece, em Uberaba."

O médium Xavier deu esperanças de um breve reencontro com seu filho?

"Em nosso primeiro contato, Chico não nos deu muitas esperanças, esclarecendo à minha esposa que o recebimento de mensagens não dependia dele, frisando: 'o telefone somente toca de lá para cá'. Mesmo assim, continuamos voltando a Uberaba, em média a cada dois meses. Nessas visitas sempre tivemos notícias de nosso filho em forma de pequenos recados, em atendimento aos pedidos colocados sobre a mesa, até o recebimento da primeira carta, em 27 de maio de 1978."

* * *

Dentre os vários recados recebidos antes da Primeira Carta, todos guardados carinhosamente pelos progenitores, destacaremos os dois primeiros e o último, reveladores do progresso espiritual de Maurício:

"Nosso caro amigo está sob a assistência de abnegados Amigos Espirituais na Vida Maior. Confiemos no amparo de Jesus, hoje e sempre."

"Filha, Jesus nos abençoe. O querido filho está presente e beija-lhe o coração materno, reafirmando-lhe, tanto quanto à querida família, o carinho de sempre. Confiemos no amparo de Jesus, hoje e sempre."

"Filha, Jesus nos abençoe. O filho querido está presente e agradece o carinho das preces e lembranças, prometendo escrever-lhe logo que a oportunidade se lhe faça mais favorável. Esperemos com serenidade e alegria."

2

MAURÍCIO TESTEMUNHA DO ALÉM

PRIMEIRA CARTA

"E preciso nos lembremos de Deus,
nos acontecimentos da Terra"

Querida Mamãe, meu querido pai, querida Maria José e querida Nádia.

Estou em oração, pedindo para nós a bênção de Deus. Não posso escrever muito; venho até aqui, com meu avô Henrique, só para lhes pedir resignação e coragem.

E preciso nos lembremos de Deus, nos acontecimentos da Terra. Não sei bem falar sobre isso, estou aprendendo a viver por aqui, embora já saiba que saí daqui mesmo para nascer com meus entes queridos, na Terra,

Peço-lhes não recordar a minha volta para cá, criando pensamentos tristes. O José Divino e nem ninguém teve culpa em meu caso. Brincávamos a respeito da possibilidade de se ferir alguém, pela imagem no espelho; sem que o momento fosse para qualquer movimento meu, o tiro me alcançou, sem que a culpa fosse do amigo, ou minha mesmo. O resultado foi aquele.

Hospitalização de emergência, para deixar o corpo longe de casa.

Se alguém deve pedir perdão, sou eu, porque não devia ter admitido brincar, ao invés de estudar.

Mas meu avô e outros amigos me socorreram e fui levado para Anápolis, para ser tratado por uma enfermeira que dirige uma escola de fé e amor ao próximo, que nos diz ser a irmã Terezona, amiga das crianças.

Soube que ela conhece meu avô e nossa família, sendo agora uma benfeitora, a quem preciso agradecer e mencionar.

Quanto ao mais, rogo à Nádia e à Maria José, minhas queridas irmãs, para não reclamarem e nem se ressentirem contra ninguém.

Estou vivo e com muita vontade de melhorar.

Queridos pais, tudo acontece para o nosso bem e creio que seria pior para mim se houvesse enveredado pelos becos dos tóxicos, dos quais muito pouca gente consegue voltar sem graves perdas do espírito.

Estou com saudades, mas estou encarando a situação com fé em Deus e com a certeza de um futuro melhor.

Recebam, querido papai e querida mamãe, com as nossas queridas Nádia e Maria José, e com todos os nossos, um

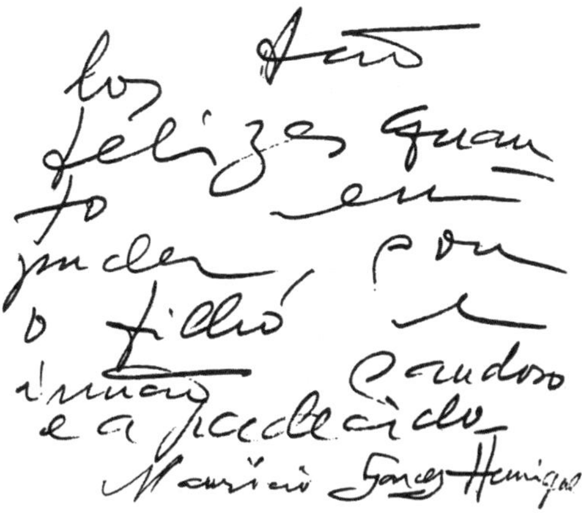
los tão
felizes quan
to eu
puder, sou
o filho e
irmão saudoso
e agradecido
Maurício Garcez Henrique

Assinatura psicografada pelo médium
Francisco C. Xavier

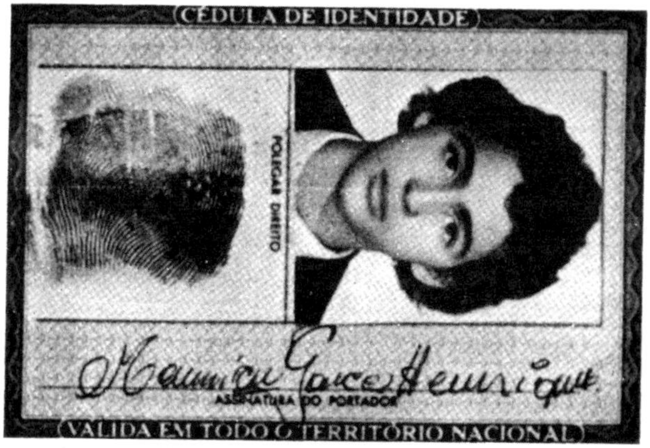

abraço de muito carinho e respeito, do filho que lhes pede perdão pelos contratempos havidos.

Prometendo melhorar, para fazê-los tão felizes quanto eu puder, sou o filho e o irmão saudoso e agradecido,

Maurício Garcez Henrique.

Notas e Identificações

1 - Carta psicografada por Francisco C. Xavier, em reunião pública do Grupo Espírita da Prece, em Uberaba, Minas, na noite de 27/5/1978.

2 - *Mamãe e Pai* – Dejanira Garcez Henrique e José Henrique, residentes em Goiânia, G0.

3 - *Maria José e Nádia* – Irmãs de Maurício, presentes à reunião.

4 - *Avô Henrique* – Apolinário Henrique, avô paterno, desencarnado em 15/9/1971.

5 - *embora já saiba que saí daqui mesmo para nascer com meus entes queridos, na Terra.* – Aqui ele faz uma clara referência à reencarnação.

6 - *Irmã Terezona* – Maria Tereza de Jesus, mais conhecida por Terezona, fundou em Anápolis, Goiás, a Romaria de São Bom Jesus da Lapa, nos idos de 1913. Pela sua devoção a Bom Jesus da Lapa, Irmã Terezona tinha o hábito de acender uma vela à tarde e fazer pedidos para os doentes, no que era atendida. Daí sua grande popularidade. Faleceu a 27/4/1930, em Anápolis, com 85 anos de idade. (Informações do Sr. Sebastião Rosa dos Santos e esposa, residentes em Anápolis, que assistiram Irmã Terezona nos últimos anos de sua vida terrena.) Segundo informação fornecida pelo avô materno de Maurício, Humberto Batista, que a conheceu pessoalmente, de fato ela se dedicava em auxiliar crianças.

7 - *Seria pior para mim se houvesse enveredado pelos*

becos dos tóxicos – O pai de Maurício interpreta esta comparação como decorrência de sua preocupação com esse problema social, externada várias vezes ao seu filho, alertando-o a respeito do uso de tóxicos pelos jovens, baseado em divulgações da imprensa.

8 - *Maurício Garcez Henrique* – Nasceu em Goiânia a 19/12/1960. Estudou somente em sua terra natal, iniciando a vida escolar no Colégio Padre Donizete, freqüentando posteriormente o SESC do bairro Campinas, o Instituto Lúcio de Campinas, o Colégio Estadual Assis Chateaubriand e concluindo o Curso Ginasial no Colégio Castelo Branco, em dezembro de 1975. No ano seguinte, quando desencarnou a 8 de maio, freqüentava o curso colegial intensivo do Colégio Carlos Chagas.

Sua breve e saudosa passagem terrena foi caracterizada por uma personalidade extremamente carinhosa, alegre e saudável, marcada por um espírito caridoso e de profunda compreensão da igualdade de todos.

9 - Os pais de Maurício, comovidos com o recebimento dessa Primeira Carta do inesquecível filho, não tiveram dúvidas em divulgá-la, providenciando a impressão da mesma em folheto bem confeccionado, juntamente com o *fac-símile* do final da mesma e da Cédula de Identidade, mostrando a grande semelhança da assinatura de Maurício em ambos os documentos.

Lendo esse folheto, que nos chegou às mãos pela gentileza de um confrade, é que tivemos notícia, pela primeira vez, do amargo e doloroso drama da família Henrique.

Em face de prova tão convincente da imortalidade da alma e da comunicação dos chamados "mortos", apressamo-nos em divulgar a carta de Maurício na seção O Possível Acontece do *Anuário Espírita 1979* (Edição IDE, Araras, SP, pp. 85/87), sendo também incluída, logo em seguida, pelo Dr. Elias Barbosa, na obra *Claramente Vivos* (em co-autoria com Francisco C. Xavier e Espíritos Diversos, IDE, 1979, Cap. 15).

A divulgação dessa Carta não parou aí, chegando a ser anexada aos autos do Processo Judiciário, transformando-se numa peça relevante do mesmo, fornecendo importante subsídio tanto ao advogado de defesa, como ao Meritíssimo Juiz que julgou o caso, conforme veremos no próximo capítulo.

*

Quase exatamente um ano após redigir a Primeira Carta, Maurício voltou a comunicar-se com seus pais, também em mensagem psicografada pelo médium Chico Xavier, em reunião pública do Grupo Espírita da Prece, na noite de 12 de maio de 1979, véspera do Dia das Mães.

Nessa segunda, transcrita a seguir, ele reafirma a presença das Leis de Deus no seu regresso à Vida Espiritual, isto é, não houve crime, nem acaso, e sim conseqüências de leis cármicas, reflexos de vidas anteriores. Dessa forma, procura convencer especialmente o seu pai que, naquela época, ainda albergava dúvidas da verdade de suas palavras.

Segunda Carta

"Não se procure culpa em ninguém"

Querida mamãe.

Deus abençoe a senhora e que a senhora me abençoe sempre.

Não desejo vê-la triste, aguardando alguma palavra em que se veja lembrada por seu filho no Dia das Mães.

Estou atento.

Não me esqueço de que os deixei justamente numa hora de maio, em que estávamos todos entre as alegrias e festas para as horas das Mães. Não pense em mim, nas imagens daquela ocorrência em que, pelas Leis de Deus, tive de deixar as esperanças da Terra para volver ao Mundo Espiritual. Recorde-me oferecendo-lhe flores com aquela felicidade de abraçá-la e receber o seu abraço.

Continuo estudando e construindo o futuro.

Peça a meu pai para que, no íntimo, aceite a versão que forneci do acontecimento que me suprimiu o corpo físico. Não se procure culpa em ninguém.

Tudo está encerrado em paz, porque o acidente foi acidente real, e preciso que o papai me auxilie a refletir nisso, com as minhas próprias notícias.

Abrace a ele por mim e ao estimado Wladimir com as irmãs queridas.

Acompanhei o casamento de nossa Nádia e peço para ela e o esposo as bênçãos de Deus.

Mãezinha, receba meu carinho de filho agradecido a desejar-lhe felicidades mil para o seu maravilhoso Dia.

O irmão Júlio Fernando transmite à nossa irmã D.

Lourdes muito carinho, com as saudações filiais pelo dia de amanhã.

Aqui, mamãe querida, termino, pedindo-lhe receber todo amor de seu filho que tanto deve ao seu devotamento e para quem a sua dedicação é a felicidade com Deus.

Um grande, muito grande abraço do seu filho

Maurício Garcez Henrique.

Notas e Identificações

10 - *estimado Wladimir* – Irmão.

11 - *irmãs queridas* – Nádia, Maria Aparecida, Vera Lúcia e Maria José.

12 - *Acompanhei o casamento de nossa Nádia* – Foi celebrado em 20/12/1978.

13 - O irmão Júlio Fernando transmite à nossa irmã D. Lourdes muito carinho - Júlio Fernando, desencarnado em acidente de moto a 31/8/1976, envia notícias à sua mãe, D. Lourdes, esposa do Dr. José Leite de Sant'Anna, residentes em Goiânia.

3

JULGAMENTO

DEFESA

Após o inquérito policial, a Promotoria de Goiânia apresentou denúncia, enquadrando José Divino nas sanções do artigo 121 do Código Penal, considerando o fato como homicídio doloso.

O advogado de defesa, Dr. José Cândido da Silva, em suas Alegações Finais, datada de 9 de julho de 1979, expendeu, entre muitos outros, os seguintes argumentos, registrados às folhas 187/190 do Processo:

"4. O evento não teve testemunhas de vista. De outro lado, o réu descreve o fato com clareza e sinceridade. Conforme pontifica a perícia de fls. 92, 'a versão narrada por José Divino pode ser aceita'. Inexiste contradição entre sua palavra e os dados técnicos."

"5. A intenção criminosa não restou provada. Ao contrário, ressalta dos autos que não havia motivo para o réu eliminar a vida de seu colega, amigo do dia-a-dia, verdadeiro irmão."

"8. Falar-se em crime doloso é contra-senso jurídico à luz do elemento probatório. Dolo pressupõe intenção criminosa e esta inocorreu na conduta do agente. 'Não há crime gratuito ou sem motivo, e é no motivo que reside a significação mesma do crime', na lição de Nélson Hungria."

"12. O resultado-morte, conseqüentemente, exorbitou da previsão comum. Faltou a previsibilidade do evento, sendo caso de exclusão da culpabilidade ou da relação de causalidade. Faltou, assim, de parte do agente, um dos elementos essenciais da vontade, o elemento intelecto, já como realidade, já como possibilidade, na expressiva preleção de Bettiol."

"15. (...) a vítima Maurício Garcez Henrique, desencarnado, envia mensagens de tolerância e magnitude espiritual, inocentando seu amigo José Divino e dizendo que ninguém teve culpa em seu caso, tudo através do renomado médium Francisco Cândido Xavier, cuja autenticidade foi proclamada, inclusive, pelo corretíssimo representante do Ministério Público (fls. 170 e 185)."

SENTENÇA

Da longa motivação da sentença do Meritíssimo Juiz de Direito da Sexta Vara Criminal, da capital goiana, Dr. Orimar de Bastos, exposta às folhas 193/202 do Processo, transcreveremos alguns tópicos, a nosso ver, os mais importantes:

"No desenrolar da instrução foram juntados aos autos

recortes de jornal e uma mensagem espírita enviada pela vítima, através de Chico Xavier, em que na mensagem enviada do além, relata também o fato que originou sua morte."

"Lemos e relemos depoimentos das testemunhas, bem como analisamos as perícias efetivadas pela polícia, e ainda mais, atentamos para a mensagem espiritualista enviada do além, pela vítima, aos seus pais."

"Fizemos esta análise total de culpabilidade, para podermos entrar com a cautela devida no presente feito " sub judice", em que não nos parece haver o elemento DOLO, em que foi enquadrado o denunciado, pela explanação longa que apresentamos.

O jovem José Divino Nunes, em pleno vigor de seus 18 anos, vê-se envolvido no presente processo, acusado de delito doloso, em que perdeu a vida seu amigo inseparável Maurício Garcez Henrique.

Pelos autos pudemos observar que existiu, inicialmente, a brincadeira da vítima com o acusado, quando Maurício retirou o revólver da pasta do pai de José Divino, retirou as balas e acionou o gatilho por duas vezes em direção ao denunciado. Depois retirou-se do local, ficando o acusado sozinho, quando, diante do espelho de seu quarto, experimentou a arma e esta, ao ser detonada, feriu mortalmente Maurício.

Só por esta análise e observação dos autos, pode-se verificar que o acusado não teve a intenção e nem a consciência de querer o ilícito.

Quem pegou o revólver da pasta? Foi a vítima.

Quem retirou as balas do tambor da arma? A vítima.

Temos que dar credibilidade à mensagem de fls. 170, embora na esfera jurídica ainda não mereceu nada igual, em que a própria vítima, após sua morte, vem relatar e fornecer dados ao julgador para sentenciar.

Na mensagem psicografada por Francisco Cândido Xavier, a vítima relata o fato e isenta de culpa o acusado. Fala da brincadeira com o revólver e o disparo da arma.

Coaduna este relato, com as declarações prestadas pelo acusado, quando de seu interrogatório, às fls. 100/vs.

Por esta análise, fazemos a seguinte indagação: HOUVE A CONDUTA INVOLUNTÁRIA OU VOLUNTÁRIA DO ACUSADO, A FIM DE SE PRODUZIR UM RESULTADO? QUIS O ILÍCITO?

Ora, se José Divino tivesse a intenção de querer praticar o delito, não procuraria advertir a vítima, sobre a condição da arma de seu pai.

Por mais que procuremos, em todo o processado, encontrar a culpabilidade do evento no acusado JOSÉ DIVINO NUNES, esbarramos com a falta dos requisitos necessários ao delito em que foi enquadrado.

Já tivemos a oportunidade de prolatar sentença quase em idênticas condições, que o douto defensor faz alusão, na então Comarca de Hidrolândia, em que anotamos o fator da previsibilidade."

"Afastado o dolo, poderia aventar a hipótese da culpa, mas na culpa existe o nexo da previsibilidade. (...) José Divino, estando sozinho em seu quarto, no momento em que foi ligar o rádio, estava cônscio de que ninguém ali se encontrava. Acionou o gatilho inconscientemente. Donde se afastar a culpa, pois o fundamento principal da culpa está na previsibilidade."

"Assim, sempre procuramos, ao prolatar uma decisão, recolher ao mais recôndito de nossa consciência e fazer uma análise fria dos fatos em si, analisando todas as circunstâncias em que ocorreram os mesmos, buscando perscrutar, dentro do processado, a personalidade do agente.

E o agente, em análise, possui uma personalidade em formação, mas de boa índole e seria incapaz de cometer, quer voluntária, quer involuntariamente, o fato delituoso.

Isto posto, pelo que dos autos consta, pelo que analisamos e tudo mais,

Julgamos improcedente a denúncia, para absolver, como absolvido temos, a pessoa de JOSÉ DIVINO NUNES, pois, o delito por ele praticado, não se enquadra em nenhuma das sanções do Código Penal Brasileiro, porque o ato cometido, pelas análises apresentadas, não se caracterizou de nenhuma previsibilidade. Fica, portanto, absolvido o acusado da imputação que lhe foi feita.

Publique-se, Registre-se e Intimem-se.

Goiânia, 16 de julho de 1979.

(a) ORIMAR DE BASTOS

Juiz de Direito, em plantão na 2a. Vara."

4

REPERCUSSÕES DA ABSOLVIÇÃO NO PAÍS E NO EXTERIOR

O POPULAR
(Goiânia, GO, 10/8/1979)

"ESTUDANTE QUE MATOU AMIGO EM CAMPINAS FOI ABSOLVIDO

O estudante José Divino Nunes que, em maio de 1976, matou casualmente seu inseparável amigo Maurício Garcez Henrique, num caso conhecido como "roleta russa" e que comoveu a opinião pública, foi absolvido pelo juiz da 6a. Vara Criminal, Orimar de Bastos, que considerou o delito não enquadrado em nenhuma das sanções do Código Penal Brasileiro, porque o ato cometido, pelas análises apresentadas, não se caracterizou de nenhuma previsibilidade. O magistrado fez remessa dos autos ao Tribunal de Justiça para apreciação pelo duplo grau de jurisdição.

De acordo com o laudo pericial, no dia oito de maio de 1976, um sábado de manhã, os dois amigos encontravam-se na casa de José Divino, em Campinas, conversando, quando a vítima pegou um revólver de dentro da pasta do pai do acusado. Maurício tirou dele as balas e acionou o gatilho duas vezes em direção ao seu colega, por brincadeira. O rapaz disse-lhe que deixasse a arma, tomando-lhe das mãos.

Maurício foi até a cozinha buscar cigarros, enquanto José Divino ficou com o revólver, dirigindo-se até o rádio para mudar a estação. O rádio estava sobre o guarda-roupa que fica ao lado da porta que dá para a cozinha, porta esta aberta, impedindo a visão do acusado relativamente a quem entrasse por ela. Ao mudar a estação do rádio, ele instintivamente puxou o gatilho, fazendo a arma disparar. Neste instante, ouviu um grito de Maurício e virou-se em sua direção. A vítima se agachou e só então seu colega notou que o tiro o alcançara. Aquela era a primeira vez que ele pegava em arma de fogo e disparou apenas uma vez.

Defesa

O advogado José Cândido da Silva, em suas alegações finais, citou Nelson Hungria, que diz: "os motivos determinados constituem, no direito penal moderno, a pedra de toque do crime. Não há crime gratuito ou sem motivo, e é no motivo que reside a significação mesma do crime".

A peça preambular enquadrou o réu nas sanções do artigo 121 do Código Penal. O advogado alegou que não ficou provada intenção criminosa, ao contrário, ressalta dos autos que "não havia motivo para o réu eliminar a vida de seu colega, amigo do dia-a-dia, verdadeiro irmão." O evento não teve testemunha e conforme pontifica a perícia, a versão narrada por José Divino pode ser aceita, por inexistir contradição entre sua palavra e os dados técnicos.

Para a defesa: "falar-se em crime doloso é um contrasenso jurídico, à luz do elemento probatório. Dolo pressupõe intenção criminosa e esta inocorreu na conduta do agente. O fato foi produto da fatalidade, a ação do réu foi meramente acidental, sob a tônica da imprevisibilidade, que caracteriza o caso fortuito", alegou.

Mensagem psicografada

O juiz Orimar de Bastos diz em sua sentença que "temos que dar credibilidade à mensagem psicografada por Francisco Cândido Xavier, anexada aos autos, onde a vítima relata o fato e isenta de culpa o acusado, discorrendo sobre a brincadeira com o revólver e o disparo da arma". Este relato coaduna com as declarações prestadas por José Divino, quando de seu interrogatório.

Em suas alegações finais, o advogado relata que "enquanto familiares da vítima manifestavam incontido sentimento de rancor, a vítima Maurício Garcez Henrique, desencarnado, envia mensagens de tolerância e magnitude espiritual, inocentando seu amigo e dizendo que ninguém teve culpa em seu caso, tudo através do renomado médium Francisco Cândido Xavier, cuja autenticidade foi proclamada, inclusive, pelo representante do Ministério Público".

O magistrado considerou que a provocação da

DIARIO DA NOITE — Segunda-feira, 10 de setembro de 1979 — POLÍCIA-Página 13

Em transe, o famoso medium brasileiro Chico Xavier estava psicografando respostas às centenas de cartas colocadas sobre sua mesa, todas de gente aflita, que buscavam encontrar remédios para seus males do corpo ou do espírito. De repente, ele parou. Ao reiniciar, estava psicografando a mensagem de um jovem que tinha sido assassinado e que pedia que a Lei dos homens perdoasse o autor de sua morte, isto porque ele já tinha lhe dado o perdão. Essa mensagem serviu de base para que um Juiz de Direito absolvesse o réu.

CHICO XAVIER salvou inocente da cadeia

FRANCISCO CÂNDIDO XAVIER, ou simples e carinhosamente Chico Xavier.

Ao longo dos seus cinquenta e dois anos de atividades, somente duas vezes tive contato com ele. A primeira e lá se vão muitos anos, foi quando lhe entreguei uma carta com um nome e endereço fictícios para que ele, auxiliado por Emanuel, seu guia espiritual, respondesse qual ou quais os remédios, para o espírito ou para o corpo, que deveriam ser indicados em favor da «pessoa» cuja carta ele segurava entre os dedos de sua mão esquerda. Olhos cerrados, fisionomia serena, apenas seus lábios se movimentavam na boca semi-aberta.

Reportagem de ORLANDO CRISCUOLO
Fotos: ARQUIVOS

brincadeira foi da própria vítima, que esvaziou o tambor do revólver e, por ironia do destino, ficou uma bala."

DIÁRIO DA NOITE
(São Paulo, SP, 10/9/1979)

"CHICO XAVIER SALVOU INOCENTE DA CADEIA

Francisco Cândido Xavier, ou simples e carinhosamente Chico Xavier.

Ao longo dos seus cinqüenta e dois anos de atividades, somente duas vezes tive contato com ele. A primeira e lá se vão muitos anos, foi quando lhe entreguei uma carta com um nome e endereço fictícios para que ele, auxiliado por Emmanuel, seu guia espiritual, respondesse qual ou quais remédios, para o espírito ou para o corpo, que deveriam ser indicados em favor da "pessoa" cuja carta ele segurava entre os dedos de sua mão esquerda. Olhos cerrados, fisionomia serena, apenas seus lábios se movimentavam na boca semi-aberta.

A seu lado, contrastando com o ambiente de respeito que se podia sentir nos músculos de todos os rostos das pessoas que superlotavam a pequena sala onde nos encontrávamos, eu não conseguia dissimular um sorriso maroto que brotava de dentro de mim.

Era o repórter procurando, por meios menos honestos, encontrar um caminho para denunciar publicamente uma farsa ou uma "mistificação grosseira" que já estava sendo aceita por uma incalculável multidão como uma verdade incontestável.

Francisco Cândido Xavier largou lentamente a carta-mentira sobre a mesa, colocou a mão esquerda sobre os olhos sempre cerrados e enquanto os dedos da mão direita se crispavam em torno do lápis, seus lábios pronunciaram uma frase que o lápis ágil se encarregou de marcar no papel.

"Que Deus te perdoe meu filho."

Todos os olhares, a maioria de espanto, se voltaram para mim. Ele apanhou a "carta-mentira" e colocando-a junto às minhas mãos abertas sobre a mesa, com uma serenidade que só os santos podem ter, disse:

"Para este mal só há um remédio: a verdade."

Não fui capaz de escrever uma só linha em forma de reportagem sobre este encontro. Pela primeira vez em minha vida eu senti medo.

Muitos anos depois, num dos corredores da TV Tupi de São Paulo, quando Chico Xavier se preparava para uma entrevista no "Pinga-Fogo", vi quando ele, delicadamente, deixou de conversar com um pequeno grupo de pessoas voltando-se para uma senhora idosa que estava às suas costas, e que ele provavelmente jamais tinha visto, foi até ela e segurou as duas mãos trêmulas da mulher entre as suas, com uma mansidão de santo. Algumas lágrimas rolaram pelas faces da velhinha. Chico Xavier quis falar, mas não pôde. Tive a impressão de que por trás de seus óculos escuros seus olhos também ficaram embaciados por lágrimas. Quando eu quis identificar a velhinha, ela tinha desaparecido do prédio. Um mistério, que de simples tornou-se indecifrável para o repórter.

Santa Izildinha, Antoninho da Rocha Marmo, Donizete

Tavares de Lima, o padre de Tambaú, José de Freitas, o Arigó e muitos outros são nomes que figuram em muitas de minhas reportagens e que me recordam grandes e controvertidos acontecimentos. São nomes que fizeram com que milhares de lágrimas fossem derramadas por gratidão, por respeito ou até mesmo por um desejo insatisfeito. Nenhum deles, nunca, arrancou uma só lágrima dos meus olhos.

Nesta última quarta-feira, porém, tive que cerrar fortemente os olhos para que eles não se enchessem de lágrimas, lágrimas de arrependimento por nunca ter tido a coragem de escrever uma só reportagem sobre Chico Xavier. Hoje, ela aqui está. E a escrevo convicto de que o famoso médium espírita de Uberaba é algo mais do que um homem: é quase um Deus."

Narrando, em seqüência: o histórico do acontecimento de Goiânia (com o subtítulo: A morte chegou cedo); a constituição do processo (O Processo); o recebimento da primeira carta psicografada, transcrevendo-a na íntegra (A Mensagem); o conceituado jornalista Orlando Criscuolo encerrou sua longa e brilhante reportagem, que preencheu toda uma página do DIÁRIO DA NOITE, ilustrada com fotos do médium e de Maurício, bem como com o confronto das assinaturas do jovem (na Cédula de Identidade e na carta psicografada), com as seguintes palavras:

MENSAGEM ABSOLVE O RÉU

Não se conhece na história do mundo alguém que tenha sido absolvido pela Justiça dos homens tendo como ponto fundamental de sua inocência uma mensagem enviada do Além.

É absolutamente inédito um acontecimento desta ordem, mas ele aconteceu.

No dia 16 de julho último, três anos após a morte de Maurício, o Juiz de Direito Orimar de Bastos, titular da 6a. Vara Criminal de Goiânia, absolveu José Divino. E pela primeira vez, em toda a história jurídica do mundo, um Juiz de Direito apóia sua decisão em uma mensagem vinda do Além, muito além da imaginação de qualquer ser vivo.

Na sentença de absolvição, aquele Magistrado diz textualmente: Temos que dar credibilidade à mensagem psicografada por Francisco Cândido Xavier, anexada aos autos, onde a vítima relata o fato e isenta de culpa o acusado, discorrendo sobre 'as brincadeiras com o revólver e o disparo da arma. Coaduna este relato com as declarações prestadas por José Divino, quando do seu interrogatório'.

E a sentença do Juiz foi marcada por um fato que, para mim, só Deus pode explicar: a assinatura de Maurício na mensagem psicografada por Chico Xavier é idêntica à assinatura que, em vida, ele deixou em sua Carteira de Identidade.

Chorem, comigo, a incompreensão desse fantástico fenômeno que se chama Chico Xavier."

O GLOBO
(Rio de Janeiro, RJ, 18/9/1979)

"JUIZ ABSOLVE COM BASE EM CARTA PSICOGRAFADA

GOIÂNIA - Com base em uma mensagem psicografada,

o juiz Orimar Bastos, da Sexta Vara Criminal de Goiânia, absolveu José Divino Nunes, acusado do assassinato de seu amigo Maurício Garcez Henrique, no dia 8 de maio de 1976, no bairro de Campinas.

A carta da vítima inocentando o amigo foi psicografada por Francisco Cândido Xavier – o "Chico Xavier" – em Uberaba, e entregue a seus pais. Segundo o exame grafotécnico, a assinatura coincide com a da carteira de identidade de Maurício.

Os dois eram amigos inseparáveis e no dia da tragédia estavam brincando com um revólver do pai de José. Enquanto Maurício foi à cozinha, José ficou no quarto, sentado em frente a um espelho, quando a arma disparou e atingiu-o. Pouco depois ele morreu no hospital.

Na mensagem recebida por "Chico Xavier", ele pede desculpas aos pais por ter brincado com a arma e inocenta o amigo: 'Brincávamos a respeito da possibilidade de se ferir alguém pela imagem no espelho; e quando eu passava em frente de minha própria figura, refletida no espelho, sem que o momento fosse para qualquer movimento meu, o tiro me alcançou, sem que a culpa fosse do amigo ou minha mesmo'.

Em sua sentença, três anos depois da morte de Maurício, o juiz Orimar Bastos afirma: 'Temos que dar credibilidade à mensagem psicografada por Francisco Cândido Xavier, anexada aos autos, onde a vítima relata o fato e isenta de culpa o acusado, discorrendo sobre a brincadeira com o revólver e o disparo da arma. Coaduna este relato com as declarações prestadas por José Divino, quando de seu interrogatório'."

PROGRAMA FLÁVIO CAVALCANTI
REDE TUPI DE TELEVISÃO (Rio, RJ, 30/9/1979)

(Leitura da Segunda Carta de Maurício)

FLÁVIO CAVALCANTI - No dia 12 de maio deste ano, Maurício enviou, através de Chico Xavier, a mensagem dirigida à sua mãe, e dela destaco somente este trecho: "Peça ao meu pai para que, no íntimo, aceite a versão que eu forneci do acontecimento que me suprimiu o corpo físico."

Olha, que trecho maravilhoso: "Que eu forneci do acontecimento que suprimiu o meu corpo físico. Não se procure culpa de ninguém. Tudo está encerrado em paz, porque o acidente foi acidente real, e preciso que meu pai ajude a refletir nisso, com as minhas próprias notícias."

O Programa Flávio Cavalcanti traz frente às câmaras o Sr. José Henrique.

O senhor culpa o José Divino pela morte de seu filho? Deu-lhe o perdão e a compreensão, senhor José Henrique?

JOSÉ HENRIQUE - Eu culpava o José Divino pela morte do Maurício. É claro que após receber a primeira mensagem essa culpa diminuiu um pouco. Eu aceitei a mensagem de Maurício, mas mesmo assim ainda não tinha o espírito religioso que tenho hoje para aceitar aquilo como toda a verdade.

FLÁVIO CAVALCANTI - Foi com esses documentos que tenho aqui em mãos, psicografados pelo médium Chico Xavier, que o Juiz de Goiânia absolveu José Divino da morte de seu amigo Maurício Garcez. Pois bem, o Programa Flávio

Cavalcanti traz o Juiz de Direito da Sexta Vara Criminal de Goiânia, Doutor Orimar de Bastos.

Boa noite, Doutor Orimar.

DR. ORIMAR DE BASTOS - Boa noite.

FLÁVIO CAVALCANTI - O senhor é espírita? - primeira pergunta.

DR. ORIMAR DE BASTOS - Não. Não sou espírita, sou católico.

FLÁVIO CAVALCANTI - Foi com a mensagem do morto que decidiu dar absolvição a José Divino?

DR. ORIMAR DE BASTOS - Eu tenho que dar um esclarecimento. Justamente por causa da celeuma que está criando no Brasil todo, a respeito dessa carta psicografada. Não foi propriamente a carta que nos deu subsídios para julgar. Porque nos autos constam provas, evidências de que o acusado não agiu, no meu entender, na análise das provas inseridas nos Autos, nem com dolo, nem com culpa. Depois de analisar essas provas, de poder observar as perícias efetuadas pela polícia, nós deparamos também com aquela carta psicografada. Foi justamente ela que nos deu um pequeno subsídio.

FLÁVIO CAVALCANTI - Coincidia com o depoimento de José Divino?

DR. ORIMAR DE BASTOS - Perfeitamente. Aliás, a carta psicografada colidia justamente com o depoimento do acusado prestado no interrogatório. E aquilo nos trouxe aquela convicção de que realmente o acusado falara a verdade no interrogatório.

FLÁVIO CAVALCANTI - Por favor, Doutor Orimar de Bastos, Juiz de Direito da Sexta Vara Criminal de Goiânia. Por gentileza, o senhor poderia resumir a sua sentença?

DR. ORIMAR DE BASTOS - Aliás, nós podemos dizer que o Doutor Promotor de Justiça o acusou como delito doloso, e nós, observando o Processo, fizemos a análise do artigo 15 do Código Penal, que ali diz: "é crime doloso quando o agente quis o resultado ou assumiu o risco de produzi-lo". Afastei esse primeiro prisma, que é a intenção, porque o agente não teve a intenção, e nem a consciência de querer o ilícito. No dolo, portanto, o agente quer conscientemente o ilícito; inexistindo essa consciência, inexiste o dolo. Então, fomos olhar sob outro prisma, que é crime culposo, quando o agente deu causa ao resultado por imprudência, negligência ou imperícia. Ora, na culpa tem que existir um nexo de previsibilidade, que também não encontramos naquele Processo. E não encontrando, nós, tranqüilamente, com o que estava dentro do Processo, absolvemos o José Divino.

FLÁVIO CAVALCANTI - Por gentileza, Doutor Orimar de Bastos, Senhoras e Senhores, a reportagem do Programa Flávio Cavalcanti deslocou-se para Uberaba e de lá trouxe esta mensagem do médium Chico Xavier.

REPÓRTER - Chico Xavier, você acredita que a Justiça possa se utilizar mais amiúde de mensagens do Além nesses casos?

CHICO XAVIER - Eu creio que uma pergunta desta deveria ser endereçada às autoridades do Poder Judiciário, e não a mim que sou apenas um pequeno companheiro de nossas experiências do dia-a-dia. Agora, falando do meu ponto de vista não apenas de espírita, mas também de cristão, eu me recordo de que o ponto básico da Doutrina Cristã é o da ressurreição de Nosso Senhor Jesus Cristo. Isto é, Nosso Senhor Jesus Cristo venceu a morte e nos deu a mensagem da Vida Eterna. Então, como cristão eu acredito que, se a mensagem de alguém, que se transferiu para a Vida Espiritual, demonstrar elementos de autenticidade capazes de interessar uma autoridade humana, essa mensagem é válida para qualquer julgamento.

FLÁVIO CAVALCANTI - E de Goiânia, a irmã de Maurício, Nádia, faz o seu agradecimento a Chico Xavier.

NÁDIA - Em primeiro lugar, eu amo você, Chico. Você é tudo para nós, para mim você é um Deus. Eu não sei nem expressar a gratidão que tenho por você. Você sabe, eu te disse muitas vezes que eu te adoro. Você trouxe tranqüilidade não só para nós, como também para muitas famílias que passaram por alguma desgraça, como aconteceu conosco ou qualquer outra pessoa. Muito obrigada, Chico.

FLÁVIO CAVALCANTI - Dona Dejanira, a senhora atendeu ao pedido de seu filho morto? A senhora inocentou o José Divino, deu-lhe o perdão, Dona Dejanira?

D. DEJANIRA - Eu atendi o pedido dele.

FLÁVIO CAVALCANTI - Dona Dejanira e senhor José Henrique, os senhores vão me desculpar, mas eu trouxe o José Divino até aqui. Ele está lá atrás. É um momento, em que eu pediria, de muita reflexão, compreendendo a dor dos senhores, como pais, mas eu gostaria muito, se possível fosse, do perdão dos senhores a José Divino, que vem e que pediu para vir, para pedir perdão, de público, do acidente fatal com seu querido amigo. Entre, José Divino, por favor. José Divino, o que você gostaria de falar com os pais de seu amigo?

JOSÉ DIVINO - Eu gostaria, primeiro, de pedir perdão a eles. Eu não tenho nem um pouco de raiva da família dele.

FLÁVIO CAVALCANTI - Havia motivo?

JOSÉ DIVINO -Não, não há motivo.

FLAVIO CAVALCANTI - Foi realmente um acidente?

JOSÉ DIVINO - Foi.

FLAVIO CAVALCANTI - Você seria capaz de ir até lá e pedir perdão a Dona Dejanira?

JOSÉ DIVINO -Seria.

FLÁVIO CAVALCANTI - Então, por favor.

FLÁVIO CAVALCANTI - Os pais responderam que eles não têm o que perdoar. Já que Maurício disse que ele não tem culpa, então não têm nada a culpar, não têm nada a perdoar. Portanto, eu acho que José Divino vai poder voltar para sua terra com o perdão dos pais. Obrigado a todos, muito obrigado José Divino, vai com Deus, ouviu?

(Palmas)

Agradeço às equipes das TVs Uberaba e Goiás, de Goiânia; ao Presidente do Tribunal de Justiça de Goiânia; ao Desembargador Paulo Amorim e ao Desembargador Clemon de Barros Loyola, Corregedor Geral de Justiça, toda gentileza e atendimento com a reportagem de nosso Programa. Acabamos com um caso terrível nesta noite, neste Programa, e Deus nos ajudou.

NATIONAL ENQUIRER
(Estados Unidos da América)

"PSYCHIC MESSAGE FROM THE GRAVE CLEARS SUSPECT OF MURDER

By Gary Richman

A message from the spirit world helped acquit a youth of murder.

In one of the most bizarre cases in legal history, a judge in Brazil accepted as evidence a startling written message from the spirit of the dead victim - which claimed that the killing had been an accident.

Defense attorneys submitted the message in court and it helped convince Judge Orimar de Bastos of Goiania, Brazil, that defendant Jose Divino Nunes, 18, was not guilty.

In this ruling, the judge wrote, 'We must give credibility to the spiritual message even though it is unprecedented in judicial circles where the victim himself, after his death, comes to relate and furnish facts ... to the judge.'

'In the message, written by the spirit through (psychic) Francisco Candido Xavier, the victim ... frees the accused of guilt.'

Nunes - who had been accused of murdering his friend Mauricio Garcez Henrique, then 16, in 1976 - claimed the two were playing with a gun when Henrique was accidentally shot.

Incredibly, it took the 'testimony' of the dead youth to help Nunes prove his innocence.

NATIONAL ENQUIRER

Psychic Message From the Grave Clears Suspect of Murder

By GARY RICHMAN

A message from the spirit world helped acquit a youth of murder.

In one of the most bizarre cases in legal history, a judge in Brazil accepted as evidence a startling written message from the spirit of the dead victim — which claimed that the killing had been an accident.

Defense attorneys submitted the message in court — and it helped convince Judge Orimar de Bastos of Goiania, Brazil, that defendant Jose Divino Nunes, 18, was not guilty.

In his ruling, the judge wrote, "We must give credibility to the spiritual message even though it is unprecedented in judicial circles where the victim himself, after his death, comes to relate and furnish facts . . . to the judge.

"In the message, written by the spirit through (psychic) Francisco Candido Xavier, the victim . . . frees the accused of guilt."

Nunes — who had been accused of murdering his friend Mauricio Garcez Henrique, then 16, in 1976 — claimed the two were playing with a gun when Henrique was accidentally shot.

Incredibly, it took the "testimony" of the dead youth to help Nunes prove his innocence.

The message came — in the form of automatic writing —

Judge frees man in murder trial after reading victim's message

CHICO XAVIER, pictured demonstrating automatic writing. His spirit script solves a mystery that baffled the police.

PN Reporter

I READ last week how a judge acquitted a man of a murder charge after the victim returned through famed Brazilian automatist Chico Xavier, confirmed the defendant's story and said he was innocent.

The communicator's spirit script matched his earthly handwriting.

Jose Nunes was stunned with shock as police examined Mauricio Henrique's body. It lay on the floor, a bullet wound near the heart. Jose had killed his best friend — and admitted it.

"But," he told police, "I did not

Nobody else was in the house when the killing occurred. There were no nearby witnesses to say whether or not they had heard only one shot.

Had Jose, they wondered, had a sudden, bitter quarrel, loaded the gun with two bullets, using one to kill Mauricio, the other to mark the sill? Had he done this, he could have hidden the bullet and cartridge.

"That question was to be answered in an amazing court scene when Jose stood trial for murder . . . and the answer was claimed to have come from the dead youth," said the paper.

Os conceituados jornais: "National Enquirer", dos Estados Unidos da América, e "Psychic News", da Inglaterra, divulgaram o "caso Maurício", com destaque, em suas páginas.

The message came - in the form of automatic writing - to Xavier, who is one of Brazil's most famous psychics.

As reported in our May 22, 1979, issue, Xavier, 70, is barely educated yet he has published about 160 books - which he claims he wrote by psychically tuning in to the spirits of dead authors and poets.

'He also enters into trances and writes out messages from other people's dead relatives', said parapsychologist Elsie Dubugras.

It was in one of these trances, on May 27, 1978 - a year before the trial - that a message was written through Xavier and signed 'Mauricio Garcez Henrique'.

The message read in part 'Dear Mother, Father and Sisters. I came her today asking for your courage. I ask you not to think of my trip here with sadness. Not José Divino (Nunes) or anyone was to blame for what happened. We were playing with the revolver thinking that with a loaded gun you could wound someone by aiming at their image in a mirror. I was wounded as a result of this foolish game and the rest we all know'.

The similarity of the handwriting of the message and a sample of Mauricio's handwriting before he died left a tremendous impression on Judge Bastos who declared Nunes not guilty last July 16.

'Mauricio's message not only enlightened me, but also backed up all of the defense's testimony', said the judge. 'The message had to be mentioned in the ruling because it helped me make mi decision.'

'It's important to note that I am not a spiritualist. I judged Nunes innocent because the killing was not premeditated. Mauricio's message said the killing was a foolish mistake - no one was to blame. The decision was easy for me'.

"MENSAGEM DO ALÉM ABSOLVE SUSPEITO DE ASSASSINATO

Uma mensagem do Mundo Espiritual ajudou a inocentar um jovem de assassinato

Em um dos mais bizarros casos na história do Direito,

um Juiz no Brasil aceitou como prova uma mensagem escrita pelo Espírito da vítima morta, o qual afirmou que a morte tinha sido um acidente.

O advogado de defesa submeteu a mensagem à Corte e ela ajudou a convencer o Juiz Orimar de Bastos, de Goiânia, Brasil, que o acusado José Divino Nunes, 18 anos, não era culpado.

Em sua sentença, o Juiz escreveu: 'Devemos dar credibilidade à mensagem espiritual apesar de não haver precedente nos círculos judiciais onde a própria vítima, após sua morte, vem depor e apresentar fatos ... ao Juiz'.

'Na mensagem, escrita pelo Espírito através do médium Francisco Cândido Xavier, a vítima ... livra o acusado da culpa'.

Nunes - que tinha sido acusado de assassinar seu amigo Maurício Garcez Henrique, então com 16 anos, em 1976 - esclareceu que os dois estavam brincando com uma arma quando Henrique a disparou acidentalmente.

Inacreditavelmente, foi considerado o "testemunho" do jovem morto para ajudar Nunes a provar sua inocência.

A mensagem veio na forma de escrita automática a Xavier, um dos mais famosos médiuns do Brasil.

Como noticiamos em 22 de maio de 1979, Xavier, com 70 anos, apesar de sua precária formação cultural, tem publicados cerca de 160 livros os quais ele esclarece terem sido escritos pelo intercâmbio mediúnico com os Espíritos de autores e poetas mortos.

'Em transe ele também escreve mensagens de parentes mortos' – diz a parapsicóloga Elsie Dubugras.

Foi em um destes transes, em 27 de maio de 1978, um

ano antes do julgamento, que a mensagem foi escrita através de Xavier, trazendo a assinatura 'Maurício Garcez Henrique'.

Eis partes da mensagem: (transcrevem trechos iniciais da Primeira Carta).

A semelhança de caligrafia entre a mensagem e os manuscritos de Maurício antes de sua morte provocaram profunda impressão no Juiz Bastos, que declarou Nunes não culpado no último dia 16 de julho.

'A mensagem de Maurício não somente me esclareceu, mas também suportou todo o testemunho da defesa', disse o Juiz. 'A mensagem tinha que ser mencionada na sentença porque ela me ajudou na decisão.'

'E importante destacar que não sou espírita. Julguei Nunes inocente porque a morte não foi premeditada. A mensagem de Maurício esclarece que a morte foi um engano imprevisto. Não há o que condenar. A decisão foi fácil para mim'."

(Tradução de Antônio César Perri de Carvalho.)

PSYCHIC NEWS
(Londres, Inglaterra, 15/3/1980)

"JUGDE FREES MAN IN MURDER TRIAL AFTER READING VICTIM'S MESSAGE" (*)

By PN Reporter

(*) Deixamos de transcrevê-la pela semelhança de seu conteúdo com a reportagem anterior, do *National Enquirer.* (Nota do Organizador)

5

REPERCUSSÕES DA ABSOLVIÇÃO NO MUNDO ESPIRITUAL

Terceira Carta de Maurício

"Acontece que a autoridade da Justiça considerou válido o meu depoimento e claramente fiquei muito feliz com isso"

Querido papai, querida mamãe e querida tia, abençoem-me.

Aconteceu o inesperado. Quando lhes trouxe as minhas notícias de filho saudoso, desconhecia o futuro de minhas pobres palavras. Queria, de minha parte, unicamente abraçar os pais queridos e mostrar às queridas irmãs a intensidade de meu afeto e, com isso, contar a verdade em torno do meu afastamento do corpo físico. Sinceramente, propunha-me a falar o que sucedeu, sem fantasiar nenhuma circunstância, porque não era justo que eu largasse um amigo a quem estimo tanto, o nosso prezado José Divino, entregue a acusações que não merece. Eu seria muito ingrato se não descrevesse os fatos como estão em minha memória. O amigo não teve a mínima intenção de me ferir e fui eu mesmo, quem começou a lidar com a arma, talvez na idéia de mostrar conhecimento do assunto. O resultado é esse que conhecemos.

Fiz o que pude para fortalecer o companheiro, de modo a que a total ausência de culpa nele aparecesse no processo que se formou.

A principio, conduzido para Anápolis por meu avô Henrique e acolhido no lar de nossa irmã Terezona, encontrei tempo a fim de refletir sobre o desastre de que fui, involuntariamente, o provocador. Eu, que me dispunha a ensinar ao Divino a arte de atirar, fui vítima de minha própria leviandade.

Acontece que recebi muitas visitas em Anápolis. Não posso me alongar demasiadamente no assunto, mas resumo este tópico de minha experiência, esclarecendo que recebi a visita de dois amigos que eu não conhecia e que, por solidariedade, buscaram-me reconfortar.

Ambos haviam voltado para a vida espiritual em acidentes qual me ocorreu. São eles os irmãos Henrique Gregoris e Izídio da Silva.

O Izídio me falou que perdera o corpo numa competição, na qual fora ele o responsável pelo volante, informando que fizera muita força para inocentar o amigo que se lhe fizera companheiro. Alegou que pairavam muitas dúvidas sobre a culpabilidade no caso, quando fora ele que pusera o velocímetro fora de órbita. Disse-me que não tivera paz enquanto não conseguira dar a explicação necessária aos familiares queridos.

E o Henrique me comunicou que ele e outros amigos se achavam empenhados em uma campanha contra o ódio e me convidava a esclarecer, quando fosse possível, a minha participação na ocorrência infeliz com toda sinceridade do meu coração. Foi o que fiz.

Acontece que a autoridade da Justiça considerou válido o meu depoimento e claramente fiquei muito feliz com isso, porque tanto eu, quanto o José, falamos a verdade.

Depois da sentença, muitos amigos Espirituais passaram a me visitar e estou ignorando a extensão do assunto, mas pedindo a Jesus para que a liberdade do meu amigo, positivamente merecida por ele, seja mantida.

Há dias, em companhia do Henrique e do Izídio, compareci a uma reunião de instrutores responsáveis pela condução dos assuntos públicos e me senti tão pequenino, quanto uma criança num palácio, completamente deslocada quanto ao que se passava. Mas pensando em algum possível encontro nosso, tomei nota de alguns nomes com os amigos que mencionei, para dar a meu pai e à mamãe a importância do acontecimento. Disseram-me no salão que ali se reuniam missionários veneráveis da Justiça e do Progresso no Estado de Goiás, que pediam a bênção de Jesus para que o amor ao próximo reine sobre a Terra.

A grande reunião estava presidida por um senhor cuja bondade irradiava dele em forma de simpatia.

Não posso chamá-los por irmãos porque conservo comigo o respeito que meu pai me ensinou a cultivar perante qualquer autoridade.

Esse senhor que orientava aquele encontro tem o nome de Dr. João Augusto de Pádua Fleury. Um sacerdote de nome Monsenhor Joaquim Vicente de Azevedo fez uma prece que nos comoveu a todos e, logo após, discorreu sobre a sentença justa do nobre Juiz que anotou o meu caso, dizendo-nos a todos que a deliberação assumida pela autoridade da Vara Cível em Campinas, junto à Goiânia, não interessava apenas aos espíritas que já se encontram habituados aos testemunhos de imortalidade da alma e sim a todas as faixas do Cristianismo, fazendo luz nos tempos de materialismo sombrio que se estendem sobre a Terra e rogou a Jesus para que a resolução judiciária seja abençoada, a fim de que as criaturas, hoje sofrendo tanto no mundo pela descrença, se capacitem de que a vida imperecível da alma, tão maravilhosamente atestada pela ressurreição de Jesus Cristo, não é uma ilusão e de que todos responderemos pelos nossos próprios atos perante as Leis de Deus, seja na existência humana, ou seja depois da morte.

No salão estavam pessoas muito respeitáveis e escrevi alguns nomes em documento comigo para recordar no instante oportuno, qual o faço agora. Achavam-se na reunião o Dr. Augusto Jungman, o Dr. Francisco da Luz Bastos, o Dr. Jovelino de Campos, o Dr. Adalberto Pereira da Silva, o Dr. Laudelino Gomes, o Dr. João Bonifácio Gomes de Siqueira, e tantos outros que se me faz difícil anotar. Todos eles se mostravam satisfeitos por haver nascido em Goiás uma luz da verdade contra os sentimentos negativos que separam os homens uns dos outros. O Dr. Augusto Jungman observou que mesmo havendo algum recurso da Promotoria contra a sentença justa, o exemplo estava patenteado em documento para que ninguém desconheça que a Justiça na Terra precisa ser um reflexo da Justiça Divina.

Aí está a súmula das ocorrências.

O amigo Henrique está em minha companhia e me solicita dizer à sua mãe Dona Augustinha que ele hoje se absteve de escrever para que eu tente explicar o que se passou e o que se passa conosco. Diz ele que os pais queridos desejam uma fórmula de nossa parte, a fim de se conduzirem sensatamente no trato com jornalistas e interessados no caso e estamos solicitando aos queridos pais, ele também inclusive à sua Mamãe presente, esclarecerem que se nós consideramos sem culpa os companheiros do plano físico que ficaram envolvidos conosco, que viemos para cá inesperadamente, nossos pais por amor a nós, efetivamente nos respeitam a sinceridade e o modo de pensar. Entendemos nós todos que os nossos familiares sofreram e sofrem ainda com a perda de nossa presença nas atividades de ordem material; entretanto, sabemos que nos amam suficientemente para não nos considerarem diferentes ou mentirosos, depois dos problemas da morte, da morte que não altera o coração e o caráter de ninguém. Rogamos aos familiares queridos abençoarem os nossos comunicados, sem fazerem causa comum com qualquer pessoa interessada em escândalo e sensacionalismo. Se fôssemos nós, os companheiros que permanecessem no mundo, dando motivo à desencarnação desse ou daquele companheiro, com que reconhecimento receberíamos a notícia de que estávamos sendo justificados! Por isso, contamos com a solidariedade de nossos parentes, declarando sempre que, se desculpamos ou se esclarecemos as questões afetas à luta em que nos vimos envolvidos, estamos por eles respeitados, já que não nos interessamos em agravar as provações e os sofrimentos de quem quer que seja.

Estes argumentos nesta longa carta que escrevo com o auxílio de meu avô e do amigo Henrique, representam o que desejaríamos esclarecer.

Que Jesus nos auxilie a todos a exemplificar a verdade e o bem, ainda mesmo quando sejamos ridicularizados.

Pedimos à Divina Providência iluminar sempre o espírito reto e nobre desse valoroso Juiz de nossa terra, que sabe honrar o coração humano e entender quão necessário se faz o respeito aos sofrimentos alheios. Deus o abençoe e engrandeça na elevada missão que aceitou, no sentido de honorificar a Justiça com a verdade para evidenciar as nossas responsabilidades na vida.

Querido papai, em seu coração sempre encontrei meu melhor amigo. Creia na sinceridade de seu filho e abençoe-me sempre.

Com a querida Mamãe, com a querida tia e com a nossa irmã Dona Augustinha, receba, querido pai, o respeito e toda gratidão de seu filho,

Maurício Garcez Henrique.

Notas e Identificações

1 - Carta psicografada pelo médium Francisco C. Xavier, em reunião pública do Grupo Espírita da Prece, em Uberaba, MG, a 22/9/1979.

2 - *querida tia* – D. Agripina Henrique, que sempre teve por Maurício especial carinho, presente à reunião.

3 - *Henrique Gregoris* – Henrique Emanuel Gregoris

faleceu em 10/2/1976, ao 23 anos de idade, também vitimado por disparo acidental com arma de fogo. Era de Goiânia, filho do casal Gastão Henrique Gregoris (falecido em 1964) – Augusta Soares Gregoris, mais conhecida por Augustinha. Pelo lápis mediúnico de Xavier, Henrique Emanuel tem escrito belas e instrutivas cartas, algumas incluídas nos livros *Enxugando Lágrimas* e *Claramente Vivos* (ambos de F.C.Xavier, Espíritos Diversos e Elias Barbosa, Ed. IDE, Araras, SP).

Ainda neste Capítulo, tomaremos conhecimento de seu interessante comentário sobre o "caso Maurício", em carta dirigida à sua mãe.

4 - *Izídio da Silva* – Izídio Inácio da Silva, filho do casal de Goiânia: Cacildo Inácio da Silva - Leila Sahb Inácio da Silva, desencarnou com apenas 19 anos de idade, a 12/10/1974, em acidente automobilístico. Com Henrique Gregoris, é co-autor espiritual das duas obras anteriormente citadas.

5 - *Dr. João Augusto de Pádua Fleury* – (4/8/1831 - 6/11/1894) Exerceu as funções de Juiz de Direito em Pirenópolis, GO, Desembargador em Goiás e Mato Grosso, Chefe de Polícia em São Paulo e Conselheiro do Império.

6 - *Monsenhor Joaquim Vicente de Azevedo* – Em 5/4/1879, instalou a freguesia do Córrego das Antas, hoje Anápolis. Foi Vigário Geral, Governador do Bispado e Deputado.

7 - *Dr. Augusto Jungman* – (19/7/1884 - 15/2/1937) Advogado, professor, exerceu os cargos de procurador Geral da República na cidade de Goiás, GO, e Delegado de Polícia em Recife, PE.

8 - *Dr. Francisco da Luz Bastos* – (1850 - 1925) Fixou residência na cidade de Anápolis em 1871. Foi Juiz de Paz, Delegado Literário, Agente do Correio, Delegado de Polícia, Juiz Municipal e Membro da Junta Administrativa em 1892.

9 - *Dr. Jovelino de Campos* – (1887 - 1965) Foi Juiz de Direito em diversas cidades do interior do Estado de Goiás, inclusive Anápolis, encerrando sua carreira em Goiânia, como Desembargador. Lente da Faculdade de Direito e membro da Academia de Letras de Goiânia, também exerceu os relevantes cargos de Deputado Estadual e Secretário do Interior e Justiça.

10 - *Dr. Adalberto Pereira da Silva* – (1889 -1951) Em Anápolis, GO, além do magistério e da advocacia, exerceu o cargo de Intendente (Governante do Município), de 1927 a 1930, época em que lançou o primeiro jornal da cidade: *O Correio de Anápolis*. Foi Juiz de Direito nas cidades goianas de Posse e Piracanjuba. Enriquecendo este Capítulo, transcreveremos adiante sua linda e oportuna mensagem psicográfica endereçada ao Dr. Orimar.

11 - *Dr. Laudelino Gomes* – Foi médico na cidade de Anápolis e Deputado Federal por Goiás. Faleceu em 8/1/1937.

12 - *Dr. João Bonifácio Gomes de Siqueira* – (1816 - 1901) Advogado, Juiz de Direito, encerrou sua carreira como Desembargador. Foi Deputado à Constituinte e exerceu por diversas vezes a Vice-Governadoria do Estado de Goiás, no período 1857-1891.

13 - *os pais queridos desejam uma fórmula de nossa parte, a fim de se conduzirem sensatamente no trato com jornalistas e interessados no caso* – Os pais de Maurício e D.

Dr. Adalberto Pereira da Silva,
autor espiritual da mensagem ao Juiz Orimar de Bastos.

Augustinha estavam preocupados quanto à conduta que deveriam adotar com os repórteres que os assediavam constantemente.

14 - *valoroso Juiz de nossa terra* – Refere-se ao Dr. Orimar de Bastos.

JUIZ RECEBE MENSAGEM

"Não estamos cogitando de proselitismo e sim de renovação espiritual para aqueles de ânimo e raciocínio amadurecidos para a nova época"

Meu prezado Orimar:

Deus vos ilumine.

Não estranhe o posicionamento a que você se viu conduzido pelas circunstâncias. Por trás das ocorrências construtivas existem alavancas de luz manejadas por Mentores de Vida Comunitária, que objetivam o melhoramento do relacionamento entre os homens.

Quando forças inabordáveis determinaram a sua transferência para Goiânia, de "nosso lado", o julgamento do jovem Maurício estava previsto, com o intuito de acordarmos através da Justiça os novos tempos para as verdades simples de vida.

O progresso tecnológico influenciou de tal modo a cultura cristã, impondo-lhe tantas deformidades pelo quase desapreço da Ciência pela Religião, que as mais nobres inteligências se deixam comandar por ilusões que depredam, de certo modo, todos os ingredientes para a edificação da Terra Melhor de Amanhã.

Poderes enormes são movimentados, em torno da civilização, no sentido de se lhe reajustarem os valores e esperamos que as investigações chamadas parapsicológicas possam canalizar para a mente humana a reafirmação dos princípios simples e básicos do Cristianismo. Em verdade, conflitos gigantescos se travam em toda parte, nos quais o materialismo ousadamente se sobrepõe à fé para confundir-lhe os ensinamentos.

Os problemas das comunicações de massa estão exigindo episódios e tarefas que nos reabilitem, no mundo físico, a confiança em Deus e o imperativo da prática das lições de Jesus e por isso mesmo, o processo em que você atuou se elevou à condição de instrumento destinado a despertar milhares de criaturas, sob a hipnose de lamentáveis enganos.

Não se impressione quanto à carga de observações que, sem dúvida, lhe pesará mais intensivamente nos ombros, de vez que muitos companheiros temem a penetração da temática espiritual na Jurisprudência. Efetivamente, a sentença que você exarou com segurança dispensava o concurso da mensagem mediúnica, na qual a "vítima" inocenta o "acusado".

Entretanto, amigos presentes se detiveram a examinar as folhas 100 e 170 no julgado, induzindo seu espírito analítico e honesto a destacar a importância de ambos os textos para confirmação do seu natural ponto de vista e o resultado benéfico que surgirá de tudo é evidente. Unicamente aqui é que os nossos olhos conseguem divisar as dificuldades de múltiplas ações criminais, em que a penalogia dominante poderia apresentar agentes de misericórdia e compreensão que não comprometessem tanto as vias da comunidade, especialmente dos mais jovens, por vezes segregados indevidamente em longos períodos de isolamento carcerário, sem maiores razões.

Agradecemos a sua coragem, assumindo atitude, perante as declarações do "vivo" e do suposto "morto" a destacar-lhe a importância. Creia que não estamos cogitando de proselitismo e sim de renovação espiritual para aqueles de ânimo e raciocínio amadurecidos para a nova época, que aliás, ao que nos parece, ainda vem muito longe.

Continue estudando quanto possível todos os assuntos que se reportem à sobrevivência da criatura para além da experiência terrestre, porquanto pressionado cortesmente pelos próprios colegas, você será invejavelmente chamado a novos testemunhos de convicção cristã, porquanto é a Doutrina Cristã que se encontra em jogo, nos acontecimentos difíceis dos tempos que correm.

Uma penalogia mais completa se realiza no mundo sobre os alicerces da reencarnação e muitas provas sob nossa atenção na Terra não passam de sentenças cominadas por autoridades que não se domiciliam na Terra, e que conservam consigo o poder de organizar e deliberar sobre o destino e dor no caminho dos seres.

Agradecemos a honestidade com que você não desertou da verdade dos fatos, quando poderia claramente contorná-los.

Aqui se identificam conosco muitos amigos, no mesmo regozijo por seu destemor sem imprudência e pelo seu equilíbrio sem omissão, que lhe valem agora o apreço e o carinho de milhões de pessoas.

Prossigamos.

Em nossa companhia se acham amigos de elevado discernimento espiritual, quais sejam os nossos companheiros Dr. João Augusto de Pádua Fleury, Eduardo Cunha de Bastos, Luiz de Bastos, Monsenhor Joaquim Vicente de Azevedo, Basílio Martins Braga de Serradourada, Dr. Manoel do Couto, Dr. Joaquim Gomes Machado, Gregório Braz Abrantes, Padre Olímpio Pitaluga, Dr. Laudelino, o médico, Dr. João Nunes da Silva e tantos outros amigos e familiares, incluindo o seu irmão Eno Omar, o irmão Argenta, o amigo Henrique Gregoris, o próprio Maurício Garcez Henrique, o irmão Antenor Amorim, o Dr. Luiz do Couto e muitos associados de ideal que se nos afinam com os propósitos de encorajá-lo em sua nova estrada para a frente. Decerto não lhe pedimos uma devoção crônica ao assunto, suscetível de parecer uma introdução ao fanatismo e sim a mente aberta para os horizontes das realidades espirituais, cuja luz, verdadeiras legiões de obreiros do bem tentam hoje acender no caminho das criaturas.

Persista em sua firmeza de caráter e sigamos em frente na certeza de que a revivescência dos ensinos de Jesus é na atualidade um tema a ser reexaminado e anatomizado com prudência e carinho, a fim de que não venhamos a perder tantas conquistas espirituais laboriosamente conquistadas pelo homem, de século a século.

O nosso mentor e amigo Dr. João Augusto de Pádua Fleury foi o seu principal companheiro na apreciação do processo Maurício e nos recomenda-lhe seja dito que toda a sua argumentação em torno do artigo 15° do Código Penal está estruturada com absoluta segurança, para afastar qualquer intenção de culpabilidade ao acusado, pelo que deve o seu pensamento descansar sobre a base legal de sua declaração absolvendo o réu e cumprimenta em você um colega dedicado ao bem e digno por seu próprio caráter para receber o impacto das atuais atenções públicas, permanecendo em sua posição de defensor do bem e julgador de qualquer incidente ligado aos problemas da periculosidade no homem, e o espírito de eqüidade a iluminar-lhe as resoluções.

Todos rogamos ao Senhor - O Justo Juiz - por sua paz extensivamente à família querida e aos amigos dedicados, permanecendo todos nós a postos, nas lides edificantes em que nos reconhecemos engajados pelos Poderes Maiores que nos governam a vida, a fim de, analizando os processos do campo social, melhorem, quanto possível, os padrões da fé viva em Deus e na dignidade humana.

Que Deus o abençoe e fortaleça, conduza e inspire são os nossos votos.

Adalberto.

Adalberto Pereira da Silva.

Notas e Identificações

15 - Mensagem psicografada por Francisco C. Xavier, na visita feita ao médium de Uberaba, Minas, pelo Juiz de Direito de Goiânia, Dr. Orimar de Bastos, em 1º/10/1979. Transcrita, na íntegra, pelo jornal goianiense *O Popular,* em reportagem intitulada "Juiz recebe *mensagem* de elogio à absolvição", da seção Judiciário, p. 8, edição de 12/10/1979.

16 - *Quando forças inabordáveis determinaram a sua transferência para Goiânia, de "nosso lado" o julgamento do*

jovem Maurício estava previsto – Dr. Orimar de Bastos foi quem julgou o processo de Henrique Emanuel Gregoris, na cidade de Hidrolândia, onde exercia o cargo. Transferido para Goiânia, foi convocado a substituir o Juiz Ovídio Inácio. Coincidentemente, o processo de Maurício lhe foi dado a julgar. Essa suposta coincidência é agora explicada.

O próprio Juiz Orimar, em entrevista ao jornal *Diário da Manhã* (Goiânia, GO, 17/9/1980, p. 9), "apontou algumas coincidências ou 'fatos pouco comuns', para os quais não atentou na época. O seu relato: 'Eu era juiz da 6a. Vara Criminal, conforme todos sabem, e o processo corria na 2a. Durante as férias forenses de julho de 79, fiquei de plantão por 15 dias, acumulando todas as Varas Criminais de Goiânia. Ninguém ignora que, em plantões como aquele, são despachados apenas os processos de réus presos, o que não era absolutamente o caso de José Divino. No meio de mais ou menos 30 mil processos, me chega precisamente aquele, concluso, para sentença. Será que houve interferência de alguém ou do Além?'

'Hoje estou convencido - responde o juiz aposentado - de que existe algo superior e que houve de fato interferência do Alto, tendo sido eu o escolhido para proferir a histórica sentença'."

17 - *Entretanto, amigos presentes se detiveram a examinar as folhas 100 e 170 no julgado* – Estas folhas, que despertaram maior atenção dos juízes domiciliados no Mais Além, são as que registram, respectivamente, as declarações do acusado quando de seu interrogatório e a mensagem mediúnica de Maurício.

18 - *Eduardo Cunha de Bastos* – (25/7/1833 - 9/2/1894)

Filho de Luiz de Bastos, foi coronel, fazendeiro e chefe político no Estado de Goiás.

19 - *Luiz de Bastos* – Major Luiz da Cunha Bastos, nascido na cidade de Goiás, GO, residiu muitos anos em Rio Verde, GO, onde militou na política.

20 - *Basílio Martins Braga de Serradourada* – (23/5/1804 - 9/8/1874) Nascido na cidade de Goiás, GO, foi tenente, compositor de música sacra e fez parte da Associação Filantrópica para a Libertação dos Escravos.

21 - *Dr. Manoel do Couto* – (29/4/1869 - 9/1/1953) Dentista, formado em Ouro Preto, MG, exerceu a profissão na cidade de Goiás, GO, sua terra natal.

22 - *Dr. Joaquim Gomes Machado* – Ainda não identificado.

23 - *Gregório Braz Abrantes* – Batizado a 30/10/1812, em Meia Ponte, GO (hoje, Pirinópolis), com o nome de Gregório da Silva Abrantes, foi funcionário público federal e pai do famoso marechal goiano, Braz Abrantes.

24 - *Padre Olímpio Pitaluga* – "João Olímpio Pitaluga (1895 - 1970). Natural de Vila Boa (hoje, Goiás, GO), ordenou-se em 27, sendo nomeado secretário do bispado. Veio para Anápolis em 32 e foi o primeiro vigário da paróquia do Bom Jesus, criada em 1935. Prestou à cidade, no setor educacional e social, relevantes serviços." (Humberto Crispim Borges, História de Anápolis, Editora CERNE, 2a. ed., 1975, p. 227.)

25 - *Dr. Laudelino, o médico* – Refere-se ao Dr. Laudelino Gomes, já identificado na Nota 11 deste Capítulo.

26 - *Dr. João Nunes da Silva* – Exerceu, em Goiás, as funções de: Tesoureiro da Fazenda, Secretário do Tribunal de Relações, Comandante da Guarda Nacional da Província, Juiz Municipal da Capital e Deputado Provincial. Faleceu no Rio de Janeiro.

27 - *o seu irmão Eno Omar* – Eno Omar de Bastos (27/5/1942 - 8/4/1963), irmão do Dr. Orimar, era natural de Goiânia, e quando faleceu cursava Contabilidade.

28 - *Irmão Argenta* – Hugo Argenta (5/9/1902 - 2/10/1967), sogro do Dr. Orimar. Natural de Araguari, Munas, transferiu-se para Goiás, onde exerceu as profissões de carpinteiro e inspetor de alunos. Na política, foi vereador, chegando a ocupar a presidência da Câmara.

29 - *Irmão Antenor Amorim* – Antenor de Amorim (1875 - 1948), goiano de Pirenópolis, foi o primeiro Comandante da Guarda Civil, em Goiânia. Ocupou os altos cargos de Senador e Vice-Governador do Estado de Goiás, vindo a falecer no Rio de Janeiro. Do Mundo Maior, ele já enviou várias cartas aos familiares, publicadas no livro *Enxugando Lágrimas.*

30 - *Dr. Luiz do Couto* – Dr. Luiz Ramos de Oliveira Couto (6/4/1884 - 20/6/1948), natural da cidade de Goiás, foi Juiz de Direito, jornalista e poeta, membro da Academia Goiana de Letras.

31 - *toda a sua argumentação em torno do artigo 15º do Código Penal está estruturada com absoluta segurança, para afastar qualquer intenção de culpabilidade ao acusado* – A análise feita pelo Dr. Orimar, em face do artigo 15º – que caracteriza os crimes culposo e doloso –, está registrada às fls. 197 e seguintes do Processo.

32 - *Adalberto Pereira da Silva* – Figura de destaque na

história de Anápolis, GO, já identificado na Nota 10, deste Capítulo.

UM AMIGO EM CAMPANHA ANTI-ÓDIO

"O amor vence a morte e vencerá sempre em qualquer ocorrência da vida, porque o amor traduz a presença de Deus."

"Véia", abençoe-me.

Estamos aqui, firmes na fé.

Dias agitados os nossos de agora. Tantas questões por estudar, tantos apontamentos a fazer. E creia que o problema deslocou muita poeira nos dois planos.

Refiro-me ao caso Maurício.

Ninguém diria que o mocinho que visitei em Anápolis, se convertesse num ponto para tantas interrogações.

Gostei do modo simples adotado por ele para descrever a realidade.

Tudo espontâneo. Tudo claro.

O nosso respeitado Juiz agiu ao modo de alguém que se visse subitamente fascinado pela verdade pura. Incapaz de evitá-la, ante a nobreza da consciência, o nosso magistrado, num momento de abençoada luz, associou a verdade com a justiça e, sem nenhum propósito de parecer herói ou santo, lavrou a sentença incluindo nela a verdade sem atavios que o interessara.

O assunto, efetivamente, é cativante, mas não posso avançar nessa gleba. Tenho receio de temperar alguma frase com o molho do bom humor com que Deus me fez nascer, e prefiro que o nosso amigo Maurício e os amigos de sua causa se manifestem.

Não posso e nem devo desfigurar a seriedade, em cujo clima o diálogo dos companheiros se desdobra.

Aguardemos.

Posso, entretanto, dizer que estou contente com a companha anti-ódio, na qual me alistei.

Mãe, se desvincularmos os nossos olhos da paisagem na vida física, orientando as nossas pesquisas para o Além, encontraremos uma vastidão de circunstâncias a espraiar-se em qualquer caso, facultando-nos novas interpretações de culpa e culpados.

Você, "Véia", já pôde vislumbrar, em nossos diálogos, que atravessei doloroso período de luta e sofrimento, ao retomar certas reminiscências.

Aí, no plano das formas da natureza material, a mente descansa na amnésia temporária e aqui, as terapêuticas para o trato real de nossas necessidades de paz, incluem atitudes que se devem tomar com certas dificuldades de nossa parte.

Eu nunca entendi tanto, quanto agora, aquele ensinamento do Cristo, quando declara o nosso Divino Mestre: "Reconcilia-te com o teu inimigo, enquanto está a caminho com ele".

Parece que em minhas extravagâncias de rapaz não

Henrique Emanuel Gregoris,
amigo de Maurício no Plano Espiritual.

memorizava o que você dizia, em casa, a nosso favor, mas tudo o que aprendi de seus lábios e de seus exemplos está gravado na lembrança.

Você, querida "Véia", por ilações sucessivas e nos registros de nossos diálogos, já reconheceu, há muito tempo, que fui constrangido a pacificar o meu relacionamento na Vida Espiritual com o querido papai Gastão.

A natureza é uma oficina de Deus em que todas as peças da experiência humana são refundidas quando necessário.

A reencarnação me parece um macete nas mãos dos Orientadores de nossos caminhos.

O amor não é somente aquele poder citado no Evangelho que nos cobre todas as faltas; é igualmente o véu que nos esconde uns dos outros, a fim de que todos os nossos resgates se processem, com a tranqüilidade precisa.

Bendita a hora em que a sua mão assinou o pedido de encerramento da apelação da sentença em que, espiritualmente, me achava envolvido.

Agradeci tanto ao Mário Lúcio, fiquei tão emocionado com a adesão do nosso amigo Dr. Wanderley, que muita gente, inclusive corações dos mais nossos, ficaram sem perceber o motivo de minha euforia.

É que com a sua mão que amo tanto, eu mesmo assinei a solicitação que dissipava o grilhão no qual iríamos novamente perder muito tempo, adquirindo, talvez, neblina e cegueira para os nossos próprios olhos por longos dias.

Continuei o movimento e, quanto se me faz possível, com o apoio do meu amigo, o papai Gastão e de outros companheiros dos quais me fizera devedor em épocas passadas, procuro atuar na reconciliação possível de todos os ofendidos e ofensores.

Só com o esquecimento das falhas cometidas contra nós é que dissolveremos as pedras da estrada, suscetíveis de ferir-nos ainda. Quem quiser acalente espinhos no coração.

Você e eu não mais.

Estamos num grande momento de nossa vida. Percebemos hoje que os sofredores e os infelizes são nossos irmãos verdadeiros. É preciso haver chorado muito para reconhecer essa verdade com o coração.

Conhecíamos noutro tempo os enfermos do corpo, os abandonados, os que se apresentassem certidão de infortúnio para terem direito à nossa esmola quase sempre arrogante e destrutiva, os últimos das filas nos interesses econômicos e sociais.

Hoje, porém, Dona Augustinha, estamos com a visão interna funcionando. Mais tristes do que os mendigos mais tristes são os nossos companheiros do mundo, tantas vezes bem apessoados e altamente distintos, que carregam culpas e remorsos no coração!

Aquele que estende a mão para recolher migalha do que podemos distribuir dorme tranqüilamente ante o céu estrelado, sob cobertores de papel ou descansa sobre uma calçada esquecida ao abandono; entretanto, os irmãos que se reconhecem atormentados por dúvidas e arrependimentos, unicamente a custa dos poderosos tranqüilizantes que lhes prejudicam a saúde é que conseguem a fuga artificial de si mesmos, para despertarem no dia seguinte, mais agoniados e desditosos, até se precipitarem nas doenças de caráter obscuro que os matriculam em sanatórios e casa de repouso físico, que às vezes, lhes precedem a instalação nos gabinetes da morte prematura.

Lutei muito, querida Mãe, para compreender isso, e hoje peço a Deus para que todas as criaturas se amem umas às outras, declarando perdoadas as faltas reais ou as imaginárias que se atribuem a muitos de nossos irmãos e irmãs da jornada terrestre.

Sei que a realização, por enquanto, na Terra, é muito difícil, mas sei também que a Divina Providência nos fará desmemoriados no Mundo, tantas vezes quantas se fizerem necessárias, até que aprendamos sinceramente, com teoria e prática, a lei divina do perdão das ofensas.

Ainda uma vez, agradeço o carinho com que a sua dedicação me ouviu, agindo publicamente, ao meu lado, para que eu pudesse voltar a ser o seu filho, sempre mais seu e mais livre para dedicar ao seu carinho todo o meu amor, diante do Pai Altíssimo.

Entendo que os agrupamentos sociais "por aí" por muito tempo ainda caminharão na base do "toma lá, dá cá", numa espécie de maiorias, daquelas que as leis antigas criaram com os princípios do "olho por olho" e do "dente por dente", mas estamos agora descartados de semelhantes processos de vivência infeliz.

Os errados são irmãos que necessitam de apoio, os

delinqüentes são enfermos da alma, ingratos são paralíticos da memória e as inteligências perversas são criaturas enganadas por si próprias, de quem as Leis de Deus se encarregarão.

Agradeço a Você, mãe do coração, por me haver compreendido.

Sabia, de minha parte, que não recorreria debalde à sua proteção. Estamos livres para obedecer a Jesus, estamos independentes para escravisar-nos ao Divino Mestre que nos ensinou a desculpar qualquer ofensa setenta vezes sete vezes.

Isso tudo é raciocínio que me ocorre, diante do caso do nosso amigo Maurício que soube participar de nosso empreendimento.

Deus é amor para todos e, buscando agradecer a Deus pelo amor que recebemos, devemos de nossa parte cooperar sempre mais com o apoio aos infelizes que, um dia, devem ser felizes ou tão felizes quanto somos.

Peço dizer ao Luiz Antônio que a nossa querida Toca foi transportada para a Vida Maior na condição de uma criança de Deus, regressando ao lar que deixara iluminado e feliz na retaguarda.

Toca foi na Terra esse exemplo de flor oculta que preferia resguardar-se na singeleza e no serviço para conquistar a verdadeira paz.

Quanto ao nosso Rogério, rogo a Você, querida "Véia", dizer aos nossos amigos Aziz e Walquíria que o irmão Alcides tutelou-o na Vida Espiritual.

Lembro-me de sua emoção na manhã de sete de agosto

último, quando o seu coração percebeu conosco que o Rogério estava de partida. Eu mesmo pedi para que Você voltasse a casa para não se recordar com tamanha intensidade do filho que era ali, eu mesmo, a preocupar-me com o seu estado de espírito.

A mãezinha de nossa estimada Walquíria recebeu o pequenino e grande amigo nos braços carinhosos, e depois o amigo Alcides o retomou sob seus cuidados especiais.

O amor vence a morte e vencerá sempre em qualquer ocorrência da vida, porque o amor traduz a presença de Deus.

Comigo se encontram o Izídio, que abraça a irmã Laudelina, e o nosso amigo Alvicto, que reafirma à irmã Lélia a sua assistência constante.

O Oscar e o Guimarães estão conosco e todos formamos uma corrente de preces rogando a Deus a paz em auxílio a todos.

E agora, Dona Augusta, é a hora do ponto final.

Não direi pra Você que será ele pontilhado de lágrimas, porque será hoje burilado com partículas de luz.

Estamos ricos de paz e amor, e isso agora é tudo o que seu filho ansiava conquistar.

Abraços ao Eduardo, a quem desejo sucesso nas tarefas escolhidas, e às irmãs e aos irmãos que as desposaram, todo o meu afetuoso agradecimento.

E agora, querida "Véia", enquanto o Izídio pede à irmã

Lau que faça a entrega da melodia do "João de Barro" à sua querida mãe Dona Leila, peço ao seu carinho ouvir a canção do seu "Menino da Porteira" que você me auxiliou a abrir para o lado das terras iluminadas de Jesus Cristo, com a extinção de todo e qualquer ressentimento em meu coração.

Sou agora o Menino da Porteira Aberta para a Bênção de Deus. Graças a Deus e a Você, esse hoje é o meu melhor título.

O nosso amigo Alvicto abraça a irmã Lélia e todos somos gratos a quantos aqui nos facultam a possibilidade de escrever esta carta.

"Véia" querida, sou tão pobre de tudo que, se tenho alguma riqueza, essa é a sua dedicação para com seu filho.

Sou um espírito ainda empobrecido que adquiriu imensa fortuna no amor com que Você me acolhe.

Receba assim seu filho que vive em seu coração e vem de tão longe, em me referindo ao passado, para agradecer tudo o que o seu carinho representa em meus passos.

Mãe, o filho pródigo da parábola foi recebido pelo devotado pai a que se referia Jesus, pois sou eu o filho pródigo que nunca se afastou de Você.

Guarde-me na bênção de suas preces e Deus a recompensará por ser a esperança sempre viva e o amor cada vez mais belo e mais presente para o seu filho, sempre o seu filho do coração,

Henrique.

Notas e Identificações

33 - Carta psicografada pelo médium Francisco C. Xavier, em reunião pública do Grupo Espírita da Prece, em Uberaba, Minas, a 6/10/1979. Foi inicialmente divulgada pelo jornal *O Popular*, de Goiânia, GO, edição de 9/12/1979.

34 - *"Véia"* – Quando encarnado, assim Henrique chamava carinhosamente sua mãe.

35 - *Bendita a hora em que a sua mão assinou o pedido de encerramento da apelação da sentença em que, espiritualmente, me achava envolvido.* – Henrique Emanuel faleceu em conseqüência de um disparo acidental de arma de fogo, durante uma brincadeira com um amigo. "Após 25 dias da desencarnação, seu pai Gastão Henrique Gregoris enviou expressiva mensagem, através do médium Chico Xavier, consolando a esposa e mãe. A família desejava um esclarecimento sobre o fato, aguardando o desenrolar do processo instaurado pela Polícia do 1º Distrito Policial de Goiânia.

Após alguns meses, o advogado da família, Dr. Wanderley de Medeiros, informou que o acusado havia sido absolvido. (pelo juiz Orimar de Bastos, respondendo pela Comarca de Hidrolândia, GO)

A família não concordou, absolutamente, sendo feita a apelação para Instância Superior.

Dois dias após a apelação (desconhecendo totalmente o fato), o médium Francisco Cândido Xavier, a pedido do Espírito de Henrique, deslocou-se até Goiânia para dizer à genitora – D. Augustinha – que perdoasse o amigo.

D. Augusta, diante do pedido do filho desencarnado,

imediatamente enviou uma carta ao seu advogado, solicitando-lhe que encerrasse definitivamente o processo." (*Enxugando Lágrimas,* Cap. 24.)

36 - *Mário Lúcio* – Mário Lúcio Sobrosa, cunhado.

37 - *sei também que a Divina Providência nos fará desmemoriados no Mundo, tantas vezes quantas se fizerem necessárias* – Aqui, Henrique faz uma referência à reencarnação, durante a qual esquecemos o nosso passado, quase sempre delituoso.

38 - *Luiz Antônio* – Luiz Antônio Rabelo, cunhado.

39 - *a nossa querida Toca* – "Apelido de Ana de Souza, desencarnada em 18/7/1979, aos 55 anos de idade. Foi entregue, na infância, à família de Luiz Antônio e ali cresceu, serviçal, ajudando na criação de todos os filhos do casal Maria – Leônidas Rabelo. Possuía maternal dedicação e preferência pelo caçula Luiz Antônio." (Informação de D. Augustinha, em fraterna carta a nós dirigida, datada de 10/7/1980.)

40 - *nosso Rogério* – O garoto Rogério de Barros Araújo, filho do casal Dr. Aziz – Walquíria, faleceu em 7/8/1979, após longa enfermidade.

41 - *irmão Alcides* – Alcides Américo Araújo, irmão do Dr. Aziz, faleceu em 13/5/1979, aos 43 anos de idade.

42 - *Lembro-me de sua emoção na manhã de sete de agosto último, quando o seu coração percebeu conosco que o Rogério estava de partida. Eu mesmo pedi para que Você voltasse a casa para não se recordar com tamanha intensidade do filho que era ali, eu mesmo, a preocupar-se com o seu estado de espírito.* – "Na manhã de sete de agosto, a mãe de Rogé-

rio chamou-me ao hospital e ali ficamos, Walquíria, Aziz, tia Dedé, Maria Lúcia Natal e eu, envolvendo o garoto com vibrações e preces até o momento em que *vi* e *ouvi* a preparação para o desligamento do perispírito, efetuada pelos Amigos Espirituais. Percebi, então, que o fim terreno do pequeno Rogério se aproximava rapidamente.

Lembrei-me do meu padecimento quando Henrique desencarnou e não suportaria presenciar o próximo sofrimento dos pais. Retiramo-nos, então, Maria Lúcia e eu, acompanhadas pela Walquíria. No corredor, ao despedir-nos da mãe de Rogério, pedi a ela para não permanecer no quarto, não lhe dizendo o porquê. Saí angustiada do Hospital, comentando com a amiga que eram 11 horas e 10 minutos, e o garoto desencarnaria até às 12 horas.

Walquíria contou-me depois que, ao retornar ao quarto, o filho pediu-lhe que ela fosse descansar, deixando-o a sós com o pai e a tia Dedé.

Rogério desencarnou exatamente às 11 horas e 50 minutos." (Depoimento de D. Augustinha, em carta já referida.)

43 - *A mãezinha de nossa estima Walquíria recebeu o pequenino e grande amigo nos braços carinhosos* – Refere-se à D. Graça Pereira de Barros, desencarnada em 2/6/1975.

44 - *Izídio* – Izídio Inácio da Silva, identificado em a Nota 4 deste Capítulo.

45 - *abraça a irmã Laudelina* – Irmã de Izídio, presente à reunião.

46 - *amigo Alvicto* – Alvicto Osoris Nogueira, falecido a 22/10/1976, em conseqüência de um acidente automobilísti-

co, em Bela Vista, Goiás, já enviou, pelo médium Chico Xavier, cartas à esposa, D. Lélia. (Veja *Enxugando Lágrimas,* Cap. 19/20.)

47 - *Irmã Lélia* – D. Lélia de Amorim Nogueira, presente à reunião.

48 - *O Oscar e o Guimarães estão conosco* – Oscar Masaaki Tsuruda, filho de Tamiko e Aiki Tsuruda. Desencarnado em 11/8/1973, aos 24 anos, de acidente automobilístico, era amigo de Henrique desde a adolescência.

Geraldo Guimarães Rosa, filho de Guilhermina e Geraldo Rosa. Vítima de acidente com arma de fogo, desencarnou aos 23 anos, em 25/10/1974. Era amigo e vizinho de Henrique desde o nascimento. Cresceram juntos e juntos cursavam a mesma escola.

49 - *Eduardo* – Eduardo Gregoris, irmão de Henrique.

50 - *peço ao seu carinho ouvir a canção do seu "Menino da Porteira"* – "Menino da Porteira" era a música que Henrique e Eduardo tocavam ao violão e cantavam acompanhados pela progenitora.

51 - *Henrique* – Henrique Emanuel Gregoris, já identificado na Nota 3 deste Capítulo.

QUARTA CARTA DE MAURÍCIO

"Muito grato pela imagem dos dois corações substituindo os pratos da balança no símbolo da Justiça."

Querido Papai e querida Mãezinha Dejanira, abençoem-me.

O folheto com a terceira carta de Maurício, impresso e distribuído pela família, apresentou esta sugestiva ilustração.

Venho agradecer a alegria que me deram, concordando comigo em tudo o que eu disse para esclarecer a minha situação. Parece-me que cresci em responsabilidade e estou orgulhoso de ter os pais a quem Deus me confiou, que souberam ouvir-me com o coração e não com as dúvidas e os tumultos do mundo.

Agradeço por todas as demonstrações de carinho e confiança com que me acompanharam nessa jornada luminosa da verdade. O nosso amigo Dr. Orimar de Bastos será recompensado pelo bem que me fez, reconhecendo-me a palavra de rapaz honesto e leal à verdade.

O tempo nos doará muitas alegrias.

Às irmãs queridas e a todos os nossos, os meus votos de felicidade.

Entrei numa vida nova, na qual espero a possibilidade de lhes ser útil.

Papai e Mamãe, graças a Deus, vencemos.

Muito grato pela imagem dos dois corações substituindo os pratos da balança no símbolo da Justiça. Fiquei muito feliz com as alegrias que colocaram em meu íntimo.

Os nossos amigos Lúcio Dallago e Henrique, e vovô Henrique e outros amigos estão em minha companhia e abraçam a todos os corações, aos quais nos sentimos vinculados.

Querido Papai e querida Mãezinha Dejanira, Deus os faça sempre felizes.

Muitos beijos do filho sempre grato, sempre o filho do coração,

Maurício Garcez Henrique.

Notas e Identificações

1 - Carta psicografada por Francisco C. Xavier, em Uberaba, Minas, a 9/11/1979.

2 - *Lúcio Dallago* – Lúcio Germano Dallago, filho do casal Lúcio Dallago e Maria de França, desencarnou em Goiânia, aos 25/11/1977. Sua primeira carta psicografada integra o livro *Reencontros* (F. C. Xavier, Espíritos Diversos, Hércio M.C. Arantes, IDE, Araras, SP, 1982, Cap. 4.)

3 - *Henrique* – Henrique Emanuel Gregoris.

4 - No impresso que divulgou esta carta, a família de Maurício colocou o seguinte:

Agradecimento

Na publicação desta quarta mensagem de Maurício, a família Garcez Henrique sentiu-se no dever de dedicar, assim também publicamente, algumas linhas a Francisco Cândido Xavier. Esse dever surgiu no reconhecimento de sua inigualável postura social, de seu extraordinário desprendimento e, acima de tudo, pela humildade com que se doa às pessoas.

Corrigimo-nos comportamentalmente ao promovermos esta publicação, porque, de outra forma, estaríamos incorrendo no mesquinho egoísmo de deter o bem que Francisco Xavier representa.

É de fundamental importância para nós, aqui, transmitirmos a todos a íntima satisfação e o conforto em que fomos envolvidos, a partir dos contatos que tivemos com Chico

Xavier. Do seu trabalho, marcado pela dedicação e pelo exemplo de bondade, refulgiu-nos a luz que parecia obscurecida pelas intempéries.

Da mesma forma que nos reabilitamos na afirmação de viver e reencontramos os objetivos de nossas atitudes, assim também como testemunhamos tantas outras demonstrações de amor, carinho e fraternidade de Chico, pudemos, a partir dele, visualizar um mundo que, até então, tínhamos sob as cortinas da materialização. E aprendemos uma outra medida de valor para aplicação de nosso trabalho.

No outro Plano, não poderíamos também deixar de estender nossos agradecimentos à ajuda e à orientação dada ao nosso filho, tanto por Chico, quanto pelos amigos, parentes e autoridades que espiritualmente convivem com ele.

Estamos profundamente agradecidos e sensibilizados com o amor recebido de todos, e nos sentimos fortes para integrarmo-nos na luta pela paz e pela igualdade.

Goiânia, novembro de 1979.

Dejanira Garcez Henrique – José Henrique.

6

O JULGAMENTO CONTINUA

Aos 14 de agosto de 1979, o representante do Ministério Público, Dr. Ivan Velasco Nascimento, em exercício na 20ª Promotoria de Justiça de Goiânia, alicerçado nas disposições contidas no inciso VI, Art. 581 do Código de Processo Penal, requereu ao Juiz de Direito a reforma da sentença, ou, se assim não entendesse de direito, a subida dos autos ao Egrégio Tribunal de Justiça do Estado de Goiás para o necessário reexame da mesma.

Atendendo ao recurso legal da Promotoria, o Dr. Orimar de Bastos optou pela segunda alternativa, acrescentando ao final da sua sentença a seguinte nota: "*Em tempo:* Recorremos desta nossa decisão ao Egrégio Tribunal de Justiça."

Naquela mesma data, o Promotor Público redigiu, em 18 laudas, suas Razões-de-Apelação, endereçadas ao Egrégio Tribunal, das quais destacaremos dois tópicos das fls. 205-6 e 222:

"I -JUSTIFICATIVA

Havendo, no final da decisão atacada, a manifestação

do seu ilustre prolator – 'Recorremos desta nossa decisão ao Egrégio Tribunal de Justiça' – no sentido de submeter ao duplo grau de jurisdição o exame da *res in juditio deducta,* atendendo imperativo legal (Art. 411 do C.P.P.), é de se justificar o porquê do recurso voluntário, em face da já existência do recurso necessário.

O que nos move a provocar a instância recursal: É o grande interesse público que encerra a lide penal, cujo curador, não é outro senão o Ministério Público; nesta espécie de recurso, por força de lei (Art. 589 do C.P.P.), pode o próprio julgador que proferiu a sentença recorrida reformá-la no todo ou em parte e, finalmente, o ínclito magistrado, que proferiu a decisão que gerou o nosso inconformismo, é pessoa que tem reconhecida, por justiça, a sua honradez, probidade, serenidade, e sobretudo a necessária imparcialidade na condução das questões que lhe são colocadas para decisão."

"Assim, só resta a esta promotoria pleitear a reforma da sentença guerreada, procedendo-se de modo estabelecido no Art. 410 do Código de Processo Penal, pois o réu praticou o delito tipificado no Art. 121, § 3º do Código Penal Brasileiro."

DEFESA

Antes da remessa dos autos ao Tribunal, obedecendo dispositivos legais, o Dr. José Cândido da Silva, advogado de defesa, a 10 de outubro de 1979, apresentou suas Contra-Razões, das quais transcreveremos os seguintes tópicos:

"1. A peça preambular enquadrou o recorrido nas sanções do art. 121 do Código Penal, por considerar o dolo direto na ação do acusado."

"2. Encerrada a instrução criminal, nas alegações finais, o Ministério Público insiste no julgamento do recorrido pelo Tribunal do Júri Popular."

"4. Agora, ao recorrer contra a absolvição sumária do réu, o Ministério Público dá uma guinada de 180 graus, negando a existência do dolo, direto ou eventual, para dizer e sustentar o homicídio culposo, pleiteando a aplicação do art. 410 do Código de Processo Penal, o que ensejaria nova fase processual (208/225)."

"23. Espera o recorrido que a Instância Revisora negue provimento ao recurso obrigatório do magistrado e ao voluntário do Ministério Público, para confirmar a decisão recorrida, caso seja aceita a exclusão da culpabilidade."

"24. Na hipótese de acolhida a exclusão da relação de causalidade, que o réu seja impronunciado, por questão de mera técnica processual, tanto mais que, em qualquer uma das alternativas, o resultado será o mesmo para o recorrido, tal seja, a proclamação de sua inocência."

DECISÃO DO TRIBUNAL DE JUSTIÇA

Do Acórdão exarado pelo Egrégio Tribunal de Justiça de Goiás, constituindo as fls. 246/256 do Processo, reproduziremos, a seguir, a sua parte final:

"A decisão recorrida fala de uma mensagem psicografada

pelo respeitável médium Francisco Xavier, na qual, afirma o juiz que a vítima relata o fato e isenta de culpa o acusado, acrescentando: 'Temos que dar credibilidade à mensagem de f. 170, embora na esfera jurídica ainda não mereceu nada igual, em que a própria vítima, após sua morte, vem relatar e fornecer dados ao julgador para sentenciar' (f. 203).

Sobre a admissibilidade das provas, dispõe o art. 155 do Código de Processo Penal:

'No juízo penal, somente quanto ao estado das pessoas serão observadas as restrições à prova estabelecidas na lei civil'.

Verifica-se, então, que no juízo penal não há limitação dos meios de prova, sendo ampla a investigação, dilatados os meios probatórios visando alcançar a verdade do fato e da autoria, ou seja, da imputação.

Ensina Espínola Filho em seu *Código de Processo Penal,* vol. 11/453:

'Como resultado da inadmissibilidade de limitação dos meios de provas, utilizáveis nos processos criminais, é-se levado à conclusão de que, para recorrer a qualquer expediente, reputado capaz de dar conhecimento da verdade, não é preciso seja um meio de prova previsto, ou autorizado pela lei, basta não seja expressamente proibido, se não mostre incompatível com o sistema geral do direito positivo, não repugne a moralidade pública e aos sentimentos de humanidade, piedade e decoro, nem acarrete a perspectiva de um dano, ou abalo sério, à saúde física ou mental das pessoas, que sejam chamadas a intervir na diligência'.

As provas admissíveis são: a oral, colhida através de depoimentos em juízo, a documental e a pericial. São espécies desses gêneros tradicionais as provas gravadas, filmadas, fotografadas e já se pode incluir a prova eletrônica, colhida em computador.

A psicografia é a escrita de um espírito pela mão do médium, segundo o espiritismo, o intermediário entre os vivos e a alma dos mortos ou desencarnados.

Ora, os juízes apreciam a eficácia das provas a eles submetidas, mas não podem estabelecer uma convicção que não lhes tenha sido dada através das vias e modos que a lei consagra expressamente. Assim, não pode decidir diante de informações recolhidas pessoalmente, fora das audiências e na ausência das partes.

Não obstante gozar o juiz de livre convencimento, está ele jungido aos autos, não podendo se socorrer de elementos estranhos. É regra que a prova seja produzida no processo, na instrução, perante o juiz que a dirige e preside, o que está de acordo com o sistema da livre apreciação das provas'. (Magalhães Noronha – *Curso de Direito Processual Penal,* ed. 1979, pág. 87).

A mensagem psicografada, considerada pelo juiz, dizendo que a ela tinha de dar credibilidade, por não ter sido produzida no processo, na instrução, perante o juiz, na presença das partes, se mostra incompatível com o sistema geral do direito positivo, não podendo servir, pelo menos por enquanto, na formação do convencimento – *quod non est in actis non est in mundo.*

Pelo exposto, nos termos do parecer da Procuradoria Geral de Justiça, conheceram do recurso e lhe deram provimento para, reformando a decisão recorrida, pronunciar o acusado José Divino Nunes como incurso nas sanções do art. 121, *caput,* do Código Penal.

Por se tratar de acusado primário e de bons antecedentes, deixa-se de decretar-lhe a prisão, nos termos do art. 408, § 2º, do Código de Processo Penal.

Tomaram parte no julgamento, além do relator, os desembargadores Fausto Xavier de Resende, que o presidiu, e Joaquim Henrique de Sá.

Goiânia, 27 de dezembro de 1979.

Des. Fausto Xavier de Resende – Presidente

Des. Rivadávia Licínio de Miranda – Relator

7

EXPECTATIVA DE UM AMIGO

Quinta Carta de Maurício

"Se apareceram episódios contrários à nossa expectativa, isso não decorre de qualquer invigilância nossa."

Querida Mãezinha Dejanira e querido Papai, abençoem-me.

Minhas palavras serão poucas, apenas o bastante para lhes comunicar que estamos fazendo quanto possível, em auxílio ao companheiro José Divino, injustamente reendereçado a julgamento.

Sei quanto constrangimento isso lhes causa, entretanto o Justo Juiz acolherá nossos votos em favor do companheiro que, repito, não teve culpa alguma no processo de minha liberação da existência física.

Deus abençoará o nosso estimado amigo Dr. Orimar que reconheceu conosco a ausência de qualquer responsabilidade

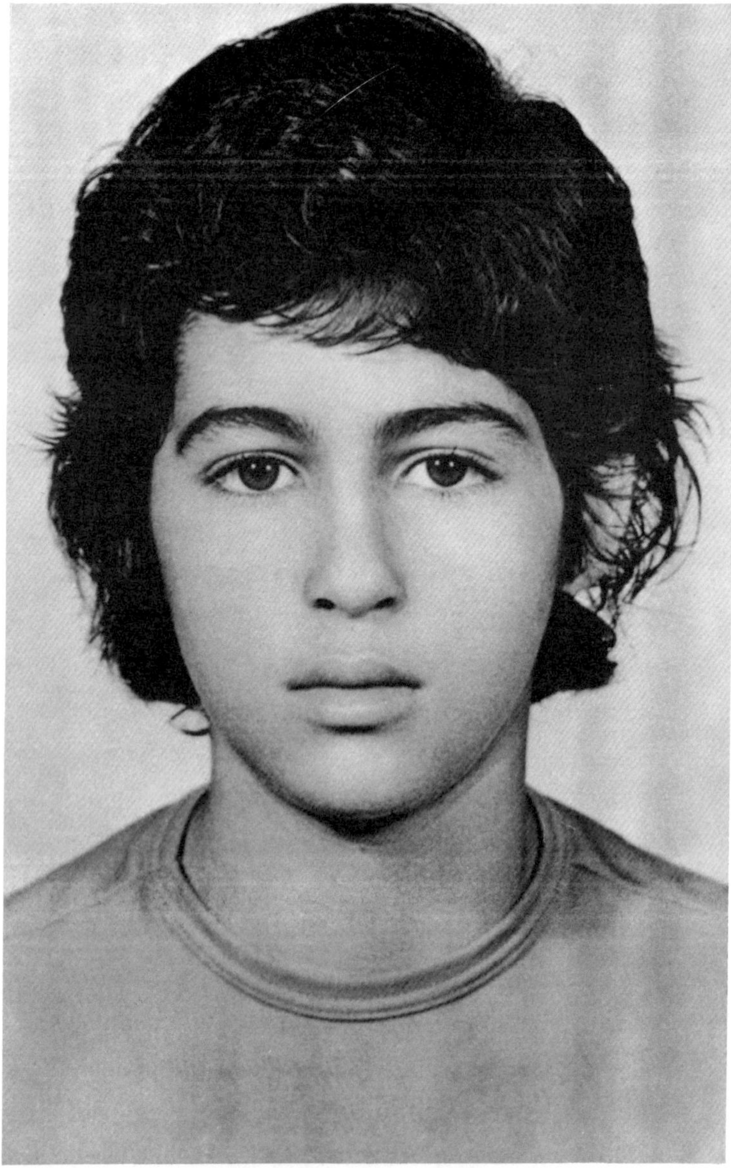

Maurício Garcez Henrique

no amigo que conservo na memória por irmão nas forças do Espírito. Compreendo, querido Papai e querida Mãezinha, que fizeram tudo para que o amigo do filho reconhecido se sustentasse na liberdade que ele merece e, por isso, se apareceram episódios contrários à nossa expectativa, isso não decorre de qualquer invigilância nossa. Estamos a postos para defender o companheiro e, agora que as circunstâncias se fizeram prementes quanto às resoluções a serem tomadas, peço-lhes vibrações silenciosas nas preces que elevamos ao Alto em favor do amigo em dificuldade.

Confiemos em Deus através daqueles servidores que lhes executam os sábios desígnios.

Muito carinho aos familiares queridos e guardem ambos, como sempre, todo o Amor e todo o reconhecimento do filho que lhes deve tanto e que continua pedindo a Deus nos proteja e nos abençoe,

Maurício Garcez Henrique.

Nota

1 - Carta psicografada por Francisco C. Xavier, a 7/3/1980, em reunião pública do Grupo Espírita da Prece, em Uberaba, Minas.

Sexta Carta

"Essa história terminará com a luz da verdade, que será sempre o que eu disse em sã consciência."

Querida Mãezinha Dejanira e querido Papai José Henrique, peço a Jesus nos guarde em sua bênção.

Não me sintam longe. Estou sempre perto, porque minha residência espiritual está no coração dos pais queridos.

Muitas lembranças para o Wladimir, para Nádia, Maria Aparecida, Vera Lúcia e Maria José.

Mãezinha, estou firme na defesa do amigo e fico feliz com o que possam fazer em auxílio a ele. Essa história terminará com a luz da verdade, que será sempre o que eu disse em sã consciência. Não temam, Jesus nos abençoará.

Não posso escrever mais por hoje.

Papai, o tio Wilson chegou bem, mas está em tratamento. O vovô Henrique nos abençoa.

Mãezinha, receba com o papai o beijo de felicidade para o Dia das Mães, do seu filho, sempre seu

Maurício Garcez Henrique.

Nota e Identificação

2 - Carta psicografada por Francisco C. Xavier, a 9/5/1980, em reunião pública do Grupo Espírita da Prece, em Uberaba, Minas.

3 - *O tio Wilson chegou bem* – Wilson de Oliveira, tio de Maurício, desencarnado em 28/2/1979.

8

UM PONTO FINAL

Antes da realização do Júri Popular, decorrente da decisão do Tribunal de Justiça, verificaram-se dois fatos importantes, registrados nos autos do Processo:

1º pedido de renúncia do Assistente de Acusação, advogado contratado pela família de Maurício, em petição assim expressa (f. 268):

"Diógenes de Oliveira Frazão, nos autos da ação Criminal que a Justiça Pública, desta Comarca, promove contra o sr. José Divino Nunes, vem, respeitosamente à digna presença de V. Exa. com a finalidade de pedir a juntada aos autos da missiva em acostado.

Pelos termos da referida epístola, MM. Juiz, o signatário da presente vê-se, outrossim, impelido a pedir a sua renúncia ao mandato que lhe foi outorgado.

(...) Termos em que,
P. Deferimento,

Goiânia, 17 de abril de 1980
(a) Diógenes de Oliveira Frazão."

2. A anexação da carta referida no item anterior, de autoria do Sr. José Henrique, pai de Maurício, endereçada ao Juiz do Tribunal do Júri (fls. 269/271), foi feita pelo advogado de defesa, em 22 de abril de 1980, com o seguinte comentário: "Anexamos uma manifestação da família da vítima, retratando, a esta altura, a mais elevada compreensão cristã, numa atitude merecedora de respeito e admiração."

Eis a carta, na íntegra:

"Exmo. Senhor Doutor
Juiz do Tribunal do Júri de Goiânia
Nesta

Excelência,

Vimos à presença de V. Excia., e dos jurados que compõem essa digna corte de Justiça, a fim de expor e solicitar o seguinte:

O Réu José Divino Nunes é acusado de assassinar o nosso filho Maurício Garcez Henrique em 8 de maio de 1976. A princípio, movidos pelos sentimentos de paternidade e inconformados, com a ocorrência, e ainda mais, sem uma base religiosa sólida, tudo fizemos a fim de ver o réu atrás das grades de uma prisão.

No entanto, graças às providências do ALTO tomamos contacto com a Doutrina Espírita, onde pudemos encontrar o conforto para os nossos sofrimentos, e a certeza de que o nosso filho continuava Vivo e preocupado com o companheiro que ficara na vida material, acusado por um delito que não cometera.

A fim de não sermos iludidos por uma fé dogmática, nos embrenhamos na Literatura Espírita, e de fato, encontramos em suas páginas maravilhosas e esclarecedoras a verdade religiosa. Não mais a fé porque nos disseram, mas a verdade, colocados os ensinamentos até então recebidos por toda nossa vida, em comparação com os que agora estávamos conhecendo. Foi a voz mais alta da razão que mediu e ponderou para escolher certo, sem fanatismo. Isto, Meritíssimo, é para que ninguém ouse dizer que nos conduzimos por fé falsa, ou que somos fanáticos religiosos. Somos bastante lúcidos e portadores de uma cultura mediana, que nos permite discernir o certo do errado, o verdadeiro do falso.

Somente após dois anos de afastamento de Maurício do nosso convívio, – e visitando Uberaba numa média de 8 vezes por ano, assistindo à psicografia de centenas de cartas, vendo famílias de diversos pontos do País e do exterior receberem comunicados dos "supostos mortos", num clima de emoção, saudade, dor e alegria, – é que conseguimos pela primeira vez, pelas mãos santas de Francisco Cândido Xavier, receber uma mensagem do nosso Maurício, que, Meritíssimo, nos abalou as estruturas e comoveu as pessoas que se acotovelavam no Grupo Espírita da Prece, na cidade de Uberaba, pela espontaneidade, pela sinceridade, e pelo seu alto espírito de desprendimento e de Justiça, ao vir em socorro de seu amigo, e esclarecendo a verdade dos fatos, e que até desconhecíamos, porque nunca tivemos a coragem de ler o processo do caso.

A partir daí recebemos mais 4 mensagens de Maurício, sempre enfatizando ser o seu amigo José Divino Nunes, isento de qualquer culpa. Nessas mensagens existem dados, fatos e nomes citados por Maurício que eram completamente desconhecidos pelo Médium, o que comprova sua autenticidade, além, é claro, de sua assinatura em todas elas, traços inconfundíveis das quais temos exemplares em nosso poder, que não deixam qualquer margem de dúvida sobre terem sido escritas por nosso filho.

Numa de suas mensagens Maurício faz referências a diversas pessoas ilustres do nosso Estado, das quais, confessamos, nunca ouvimos falar, e que na Vida Espiritual se agregaram a fim de fazer alguma coisa pela Justiça em nosso Estado, mais aproximada da Justiça Divina.

O próprio Dr. Orimar de Bastos, Juiz que prolatou a sentença de absolvição de José Divino, não acatada pelo Egrégio Tribunal de Justiça, se viu auxiliado pelos amigos espirituais e pelo próprio Maurício, embora sem saber, a fim de que a Justiça nesse caso fosse feita.

Assim, Meritíssimo, queremos afirmar que não temos o mais leve interesse na condenação do acusado José Divino Nunes, bem ao contrário, esperamos que os jurados, como nós, reconheçam sua inocência, absolvendo-o em confirmação à sentença prolatada pelo Juiz de Direito Dr. Orimar de Bastos, que fez uma fiel análise do fato, assim fazendo TANTO BEM AO NOSSO FILHO MAURÍCIO GARCEZ HENRIQUE.

Aqui, mais uma vez, queremos declarar que a partir do momento em que se nos fez Luz nas Sombras, nos reabilitamos na afirmação de viver e reencontramos os objetivos de nossas atitudes, graças à fraternidade do médium FRANCISCO CÂNDIDO XAVIER, e a partir dele, visualizamos um mundo que até então tínhamos sob as cortinas da materialidade.

Meritíssimo, autorizamos a utilização dessa missiva da melhor maneira que lhe aprouver, incluí-la nos autos, dar publicidade, enfim tudo que for necessário à defesa de José Divino Nunes junto ao Tribunal do Júri.

Que a paz de Deus o acompanhe sempre.

Atenciosamente,

(a) José Henrique

Goiânia, 17 de abril de 1980."

JÚRI POPULAR

A Sessão de Julgamento do Tribunal do Júri foi realizada no dia 2 de junho de 1980, em Goiânia, no Forum "Heitor Moraes Fleury", sob a presidência do Dr. Geraldo Deusimar Alencar, Juiz de Direito da 1a. Vara Criminal.

Após a constituição do corpo de jurados e a protocolar interpelação do réu, o Dr. Iran Velasco Nascimento, Promotor de Justiça, proferiu a sua acusação e, ao concluir, pediu a condenação do réu por infração do artigo 121, "caput", do Código Penal.

Com a palavra, o Dr. José Cândido da Silva, Defensor, sustentou a tese da fortuidade, à míngua de qualquer nexo de vontade dirigido para o evento, e, ao terminar, pediu a absolvição do acusado. Houve réplica e tréplica.

Encerrados os debates, procedeu-se à votação secreta dos jurados, que absolveram o réu por seis votos a um.

(Síntese da Ata de Julgamento, fl. 319.)

APELAÇÃO AO TRIBUNAL

Pelo fato de a absolvição não ter sido por unanimidade de votos dos jurados, o DD. Promotor Público poderia ter apelado ao Tribunal de Justiça, pleiteando novo julgamento popular, mas não o fez, chegando a externar seu pensamento à imprensa, logo após o júri, de forma categórica. Vejamos, por exemplo, como a reportagem do jornal *O Popular* (Goiânia, GO, 3/6/1980, p. 8) registrou esta posição da Promotoria:

"Às 18 horas, com o plenário lotado de pessoas, o juiz leu a sentença. (...) o representante do Ministério Público, promotor Iran Velasco do Nascimento, numa atitude pouco comum, solicitou a palavra para esclarecer que, dada a repercussão do caso, se sentia no dever de dar uma satisfação aos presentes. Segundo ele, desde o primeiro momento achava que o réu seria inocentado, mas que a posição do Ministério Público deveria ficar esclarecida. 'A acusação foi feita com toda a honestidade. O Júri é soberano e acatamos a decisão com humildade'. Mesmo podendo recorrer da sentença, o promotor declarou que não irá fazê-lo porque entende que é hora de pôr fim a esse caso."

Porém, o DD. Procurador Geral de Justiça do Estado de Goiás, Dr. Manoel Nascimento, em Portaria de 6 de junho de 1980, n.o 168/80, constituindo a fl. 321 do Processo, designou outro Promotor, da Capital, "para funcionar e interpor apelação no processo-crime em que figuram como vítima Maurício Garcez Henrique e réu José Divino Nunes, em curso na 1a. Vara Criminal de Goiânia, GO, e que fora submetido a julgamento popular do Júri, no dia 02 próximo passado."

De fato, o DD. Promotor de Justiça designado, no uso de suas atribuições legais, em requerimento ao MM. Juiz de Direito da 1a. Vara Criminal, datado de 9 de junho de 1980, não concordou com a decisão do Tribunal do Júri, apelando para o Egrégio Tribunal de Justiça (fl. 322). Posteriormente, a 23 de junho de 1980, apresentou as razões do recurso, endereçadas à Egrégia Câmara Criminal, pleiteando a cassação da decisão do conselho popular de sentença. (fls. 324/327)

E, logo a seguir, em 30 de junho de 1980, o Advogado de Defesa relacionou suas contra-razões, pleiteando da Câmara Criminal fosse negado provimento à apelação da Promotoria. (fls. 329/332)

A DECISÃO DEFINITIVA

O DD. Procurador da Justiça do Estado de Goiás, Dr. Adolfo Graciano da Silva Neto, em Parecer Criminal, de n.o 1/714/80, datado de 19 de setembro de 1980, acolheu a decisão dos jurados, concluindo, assim, o seu parecer:

"De fato, e seria temeroso negar a evidência, a decisão encontra apoio na versão apresentada pelo réu, que, por sua vez, tem alguma ressonância nos caminhos e vasos comunicantes da prova.

Inquestionável que não se pode perquirir e aferir o grau valorativo dessa ou daquela versão, basta que o pronunciamento dos jurados se esteie em alguma prova, para que seja mantido.

Inarredável que o caso fortuito é achadiço na prova, com

a qual lidou o Júri e com base nela esteou o veredicto absolutório.

Destarte, incensurável a decisão dos jurados.

Do exposto, opino pelo conhecimento e improvimento.

É o parecer que submeto à apreciação da Colenda Câmara Criminal, para as considerações que merecer." (fls. 335/337)

*

O Acórdão do Tribunal de Justiça de Goiás, de 23 de outubro de 1980, que colocou um ponto final no Processo, acolheu, por unanimidade de votos, o parecer da Procuradoria Geral de Justiça, negando provimento ao apelo da Promotoria e, portanto, confirmando a decisão do Júri Popular – a absolvição de José Divino Nunes.

Tomaram parte no julgamento, presidido pelo Exmo. Sr. Des. Fausto Xavier de Rezende, – além do relator, Des. Rivadávia Licínio de Miranda – os Des. Joaquim Henrique de Sá e Juarez Távora de Azeredo Coutinho. (fls. 341/344)

9

NOVAS CARTAS DE MAURÍCIO

SÉTIMA CARTA

"Estou satisfeito, depois de quatro anos de luta e oração para libertar um amigo. (...) Acompanhamos, respeitosamente, a sessão no Tribunal no dia dois último."

Querido papai José Henrique e querida mamãe Dejanira, peço me abençoem e rogo a Jesus abençoar-nos a todos juntos.

Minha alegria é uma luz fechada no coração, porque não tenho palavras para que saiam de mim. Estou saudoso de casa, sinto falta dos pais queridos, lembro-me do nosso querido Wladimir e tenho as irmãs queridas no íntimo de minhas mais belas recordações, mas estou leve e contente.

Felicidade fica para depois, para quando chegar o dia de nos revermos todos na Vida Maior, onde a alegria não tem adeus.

Mas estou satisfeito, depois de quatro anos de luta e oração para libertar um amigo; José Divino sem culpa, estava entranhado em meus pensamentos. E agora vejo o companheiro isento de tantos embaraços, depois dos resultados graves de uma brincadeira.

Papai, muito obrigado, e muito obrigado, querida Mãezinha Dejanira. Pais queridos, vocês tiveram a coragem de atender a um filho considerado vítima, quando só em ambos poderia encontrar, como encontrei, um lugar certo para colocar a verdade.

Meus pais me ouviram e me auxiliaram... Meu irmão e as minhas irmãs rezaram por minha paz e começo o mês de junho, de modo diferente daquele mês em que mergulhei no problema que me atribulou tanto tempo. Pais queridos, ressentir-se alguém contra outro alguém, indispor-se a criatura em oposição a pessoas e fatos é próprio de toda gente, mas perdoar, com todo o coração, a pedido de um filho que sofria, a um amigo injustamente considerado em culpa, não é comum.

Por isso, peço a Deus, agora mais do que nunca, para que a paz e a felicidade morem conosco. Agradeço as preces de nossa querida Nádia. Todos os meus familiares oraram comigo e o amigo foi restituído à liberdade.

Acompanhamos, respeitosamente, a sessão no Tribunal, no dia dois último. Os amigos presentes me solicitaram não lhes mencionar os nomes, porque as decisões da Justiça nos merecem o maior apreço, e não seria justo estabelecer referências com sabor de publicidade. Acompanhamos as atividades da solene reunião, em silêncio e prece. E as nossas petições para que o ambiente fosse iluminado pela confiança nos valores humanos mais elevados da Terra foram atendidas, graças a Deus. O amigo é também meu irmão.

Deus os recompense pelos braços amigos que me estenderam, avalizando os meus desejos.

Pai, onde o seu coração estiver pulsará o meu, seguindo-lhe os passos.

Mãe querida, onde estiver a sua presença aí permanecerei, com os meus votos a Jesus para que a sua bondade continue a ser para nós todos a nossa fonte de bênçãos.

Recebam as alegrias de meu descanso e de meu amor sempre maior.

Meu agradecimento a quantos nos souberam compreender e auxiliar, e que Deus nos abençoe.

Meus braços se alongam para demonstrar a cada amigo o meu reconhecimento.

Muitas lembranças a todos.

O Antônio Carlos Mundim, o Henrique, o Izídio e outros companheiros estão em nossa companhia. Todos somos gratos aos mensageiros do Alto com o maior respeito que somos capazes de sentir.

Recebam, papai José Henrique e Mamãe Dejanira, com o abraço do vovô Henrique, presente conosco, muitos beijos de apreço e gratidão, amor e esperança do filho que nunca se separou de casa e que tem os dois por dentro do coração.

Sempre o filho agradecido,

Maurício Garcez Henrique.

Nota e Identificação

1 - Carta psicografada por Francisco C. Xavier, em reunião pública do Grupo Espírita da Prece, a 6/6/1980, em Uberaba, Minas.

2 - *Antônio Carlos Mundim* – Filho do casal Maria e Antônio C. Mundim, desencarnado na cidade de Goiânia, em 5/12/1977.

OITAVA CARTA

"Querido irmão, estas páginas rápidas são suas"

Querida Mãezinha Dejanira e querido Papai José Henrique, peço-lhes me abençoem.

Estou feliz por me haverem atendido ao desejo, trazendo nosso querido Wladimir até aqui. Desejava que o irmão, sempre lembrado, se conscientizasse de que o nosso intercâmbio aqui é um movimento muito grande, abrangendo esclarecimentos e instruções, consolo e paz em socorro de muitos companheiros nossos da humanidade.

Os reais necessitados de apoio e tranqüilidade, segundo nos ensinam, devem ter aqui a prioridade compreensiva. E como, por vezes, as nossas oportunidades para escrever são milimetradas no tempo, apesar do esforço para tudo recordar, a confiança do coração pratica por vezes algumas falhas no que se refere à memória.

Perdoe-me, querido Wladimir, se tenho fornecido a idéia de esquecimento. Você com todos os nossos estão em minha lembrança e quero com este recado abraçar a você com muito carinho e gratidão, por tudo quanto vem fazendo em benefício de nossa paz em casa e no auxílio aos queridos pais. Desculpe ao seu irmão se me empenhei numa campanha a favor de um amigo.

Não se impressione com apontamentos de rua. O coração do mano pede essa bênção a Deus e continuarei rogando a Jesus para que a paz esteja de novo com o amigo que não teve culpa alguma em meu regresso à Vida Espiritual. Aliás, é preciso dizer que o José Divino nunca esteve aqui e nem nunca me pediu qualquer favor. O assunto é meu e agradeço aos queridos pais por me haverem compreendido.

Querido irmão, estas páginas rápidas são suas, são pensamentos de carinho do seu irmão que tanta bondade lhe deve. Com o meu coração no coração de nossos pais presentes, rogo a você, irmão querido, receber um grande abraço do seu irmão agradecido de sempre,

Maurício Garcez Henrique.

Nota

3 - Carta psicografada por Francisco C. Xavier, em

reunião pública do Grupo Espírita da Prece, na noite de 25/10/1980, em Uberaba, Minas.

Nona Carta

"Temos aprendido tantos ensinamentos de amor e compreensão, que, por vezes, me sinto um homem amadurecido nas experiências do mundo."

Querido Papai José Henrique e querida Mãezinha Dejanira, abençoem-me.

Orgulho-me do carinho com que marcham em minha companhia no ideal de liberar o amigo, que se vai fazendo, passo a passo. Penso na bondade de Deus que nos fez caminhar juntos nessa empreitada, sem desfalecer.

Temos aprendido tantos ensinamentos de amor e compreensão que, por vezes, me sinto um homem amadurecido nas experiências do mundo. Muitos foram os lances em que nos vimos desatendidos ou incompreendidos, no objetivo de auxiliar a um irmão que não nasceu em nossa casa e que, na verdade, nada, nada nos pediu.

Estamos satisfeitos com o novo degrau obtido na concretização de nossos desejos e agradeço-lhes, mais uma vez, o crédito que me proporcionaram.

Não nos aborreçam apontamentos de criaturas estranhas aos nossos corações.

Agradeço-lhes porque confiaram em minhas palavras e seguiram comigo para o trabalho a que nos empenhamos para ver o nosso amigo livre de culpas que intentaram criar em nosso nome.

Estou contente. Muito grato.

Amigos nos recomendam prudência no trato do assunto, para que novas dificuldades não se destaquem no caminho direito, estabelecendo estradas tortuosas capazes de nos delongarem a chegada aos fins definitivos a que nos propomos.

Ficamos satisfeitos com o sorriso do nosso Wladimir e endereço a todos os nossos de casa os meus votos de paz e de conforto, esperança e alegria.

Querido Papai José Henrique e querida Mãezinha Dejanira, para os dois, um abraço com muitos beijos de reconhecimento e carinho do filho que lhes pertence, em nome de Deus,

Maurício Garcez Henrique.

Notas

4 - Carta psicografada por Francisco C. Xavier, em reunião pública do Grupo Espírita da Prece, na noite de 7/11/1980, em Uberaba, Minas.

5 - Estou contente. Muito grato. – Esta alegria de Maurício foi manifestada duas semanas após a assinatura do Acórdão (23/10/1980) que absolveu o seu amigo José Divino.

Décima Carta

"E, em ambos, personifico a gratidão que me vai no íntimo, na certeza de que entre a minha desencarnação e a minha Paz interior medearam seis anos de intensa e abençoada luta."

Querida Mãezinha Dejanira e querido Papai José Henrique, Jesus nos fortaleça e nos abençoe.

Quase seis anos consecutivos! Tempo estreito para evolução mas tempo longo para a travessia das provas, em que nos compete demonstrar compreensão e trabalho com aquele Eterno Amigo da Humanidade, sentenciado à morte sem culpa.

Importante pensar que Jesus nos parece o Amor multiface, esclarecendo e vivificando a todos aqueles que o aceitam e seguem.

Cristo reconfortando os doentes, Cristo ensinando as diretrizes do Bem e Cristo esculpindo a renovação espiritual em cada ser humano.

Para nós, em família, desde 1976, tivemos de recorrer ao Cristo que absolve os inocentes nas mais altas normas do Direito Universal. Era um companheiro pronunciado sem culpa que me cabia socorrer. Um amigo e um irmão que, a sós comigo, encontrou o infortúnio de se ver sem outra testemunha senão eu próprio, já que não lhe pesava no espírito falta alguma!

Despertei para a verdade e compreendi. Abatido e acabrunhado ante a desencarnação violenta, esperei que as forças se me recompusessem e tão logo me observei tranqüilo e forte na fé para compartilhar-lhe da defesa, por fidelidade natural ao bem que herdamos de nossos antepassados, com a fé cristã coloquei-me em campo a fim de trabalhar na causa que esposava.

Reconhecia-me cercado por afeições benditas, notadamente a do vovô Henrique, cujo devotamento me robustecia para as tarefas a que me propunha; entretanto, necessitava de ombros amigos e fortes no Plano Físico, nos quais me pudesse apoiar. E foram os Pais queridos os meus companheiros da primeira página de recuperação da realidade até a última, na qual vimos o companheiro liberto de quaisquer acusações.

Creiam, Papai e Mamãe, que para recompor os meus próprios recursos, em companhia de outros amigos, visitei cárceres e hospitais, refúgios de isolamento e moradas de restauração, para conhecer os que jazem nesses lugares cumprindo árduas sentenças, e reconheci que, efetivamente, os maus não existem... Existem os infelizes, tantas vezes vítimas da própria agressividade exagerada ou dos próprios descuidos para consigo próprios, e ampliei minhas possibilidades de luta pela vitória do bem.

Hoje, quando a própria imprensa assinala o término do trabalho defensivo com a vitória da verdade, agradeço-lhes a confiança com que honraram as esperanças e os créditos de que me revestiram a fim de persistirmos com o bem até o fim.

Não importam calhaus que tenhamos encontrado ao longo dos caminhos percorridos. Importava reabilitar uma vida e, diante de semelhante tarefa, não vacilaram ambos em seguirmos juntos. Sei que, muitas vezes, não apenas o suor da preocupação lhes banhou os tecidos da alma, mas também assinalei as lágrimas que verteram ao peso das interpretações infelizes.

Agora, estamos felizes com a felicidade de um companheiro que nada fizera para ser infeliz. Louvado seja Deus!

Venho com o meu avô externar-lhes meus agradecimentos, porque um novo dia brilha para nós. Cumprimos o nosso dever perante Deus e rogamos a Deus nos abençoe.

Sou grato a quantos nos estenderam braços amigos para a complementação da empresa de libertação a que me refiro e, em ambos, personifico a gratidão que me vai no íntimo, na certeza de que entre a minha desencarnação e a minha Paz interior medearam seis anos de intensa e abençoada luta.

Na pessoa de nossa Nádia, estendo o meu reconhecimento aos irmãos queridos que se nos fizeram apoio e incentivo ao trabalho, agora sob a luz de abençoado remate. E, conquanto me reconheça na condição de filho devedor, felicito-lhe a capacidade de compreender e colaborar para a Vitória da Justiça e do Bem.

Estas páginas pobres me retratam o coração que lhes pertence e mais uma vez lhes beijo as mãos corretas e felizes, pedindo a Jesus para que os engrandeça nas alegrias da vida e do lar que edificaram para benefício de todos nós, aqueles que tivemos o privilégio de receber-lhes o exemplo e o carinho na condição de filhos e companheiros para sempre.

Recebam, querido Papai Henrique e querida Mãezinha Dejanira, todo o amor e todo o reconhecimento do filho e amigo de todos os instantes, sempre o filho sempre grato,

Maurício Garcez Henrique.

Nota

6 - Carta psicografada por Francisco C. Xavier, em reunião pública do Grupo Espírita da Prece, na noite de 14/5/1982, em Uberaba, Minas.

Décima primeira carta

"Temos aqui um templo de mães e filhos, no diálogo incessante do amor que nunca desaparece."

Querida Mãezinha Dejanira, abençoe-me.

Estamos unidos no prosseguimento do nosso ideal de renovação íntima para a obtenção de uma existência melhor.

Compreendo que a reunião não comporta assuntos particulares; entretanto, temos aqui um templo de mães e filhos, no diálogo incessante do amor que nunca desaparece. Em minha companhia está o nosso companheiro Lúcio Dallago, que nos recomenda transmitir aos pais queridos as suas notas de ternura e confiança; temos o nosso amigo Henrique Gregoris, que solicita ao seu carinho torná-lo presente junto à nossa irmã Augustinha, em longo tratamento de saúde, de modo a que nossa irmã se certifique de que ele continua fiel, na vigilância afetuosa com que lhe acompanha a recuperação gradativa; e contamos ainda com o nosso irmão Izídio, que nos recomenda uma visita carregada de abraços à mãezinha dele, nossa irmã D. Leila, que se encontra igualmente sob assistência médica incessante, no encalço da restauração das forças orgânicas.

E eu tomo o lápis a fim de repartir-lhe extensivamente a meu pai e aos irmãos a nossa alegria de caminharmos juntos na estrada nova em que procuramos acesso aos cimos da melhoria espiritual, porquanto é cedo para nos candidatarmos à sublimação. Estamos pavimentando os caminhos que nos cabe percorrer e sou feliz por viver na saudade e na esperança dos pais queridos, de vez que em meu íntimo acontece o mesmo fenômeno de associação permanente.

Mãezinha Dejanira, não há dificuldade que o amor não consiga vencer através dos veículos da paciência e da humildade, da tolerância e do perdão. Entendo que os nossos problemas, por vezes, surgem algo mais inquietantes; no entanto, podemos reconhecer por nós mesmos que o poder invisível da Divina Providência sempre nos visita de inesperado, em forma de ingredientes para a solução pacífica de todas as questões que se nos figuravam complicadas e insolúveis.

Que a saudade nos sirva de agente para a nossa ligação recíproca, e que em todas as nossas permutas de pensamento possamos conservar a coragem de esperar por Jesus para liquidação de todos os obstáculos, que por força de nossas provas necessárias nos venham a surgir.

Aqui permanece o meu coração conversando com a sua bondade e com a bondade de meu pai, diálogo esse no qual nunca nos cansaremos de nossa gratidão a Deus. Receba, querida Mãezinha Dejanira, com o papai José Henrique, todo o coração de seu filho reconhecido

Maurício Garcez Henrique.

Nota

7 - Psicografada por F.C. Xavier, em reunião pública do GEP, na noite de 31/8/1982, em Uberaba, Minas.

10

DEPOIMENTOS E SAUDADES

"Hoje, se não estivesse aposentado e me aparecessem casos idênticos, isto é, com mensagens psicografadas, eu não hesitaria em sentenciar quantas vezes fosse preciso, com base nelas, para absolver inocentes que são tidos como culpados nos autos."

"Atualmente com 43 anos de idade e aposentado, o juiz Orimar de Bastos garante que, até o dia em que proferiu sua singularíssima sentença, jamais havia posto os pés num centro espírita.

'Eu apenas lia esporadicamente alguma coisa a respeito – assegura. – Quando peguei o processo, fiz uma análise dos autos, bastante volumosos, por sinal, já que tinham cerca de 200 páginas. Ao cotejar depoimentos de testemunhas e provas periciais, dois pontos me deixaram intrigado: primeiro, o depoimento do acusado em Juízo, no momento do interrogatório; em segundo lugar, a mensagem psicografada juntada aos autos, na qual Maurício Garcez explicava com detalhes o acontecimento, e da mesma forma que o acusado havia dito. Eu me fixei nessas duas peças. Matutei muito. Ora, Chico Xavier não podia conhecer *ipsis litteris* o depoimento de José Divino, para receber uma mensagem de conteúdo idêntico.

'Além do mais – prossegue Bastos –, as provas não levavam à condenação do acusado, nem pelo crime (homicídio doloso) que o promotor lhe imputara, nem por um possível crime culposo, por faltarem os requisitos deste crime, ou seja, negligência, imprudência ou imperícia. Então, onde eu iria buscar subsídios para condená-lo? Poder-se-ia alegar caso fortuito, mas o Código não tipifica isso como crime. Deste modo, uma mensagem clara como a do Francisco Cândido Xavier, que é uma figura mundialmente conhecida, um médium que temos de respeitar pelo seu conceito, valor moral e integridade, jamais poderia ser um engodo destinado a uma possível absolvição. Daí, mesmo sabendo que, na esfera jurídica, tais provas ainda não são reconhecidas, embora possam e devam ser levadas em conta, dado o alto valor de quem as emite, eu pergunto: o julgador poderá ficar omisso diante delas, deixando de analisá-las e considerá-las como elemento de convicção? Onde fica o livre convencimento do juiz, na análise das provas, para julgar? Hoje, se não estivesse aposentado e me aparecessem casos idênticos, isto é, com mensagens psicografadas, eu não hesitaria em sentenciar quantas vezes fosse preciso, com base nelas, para absolver inocentes que são tidos como culpados nos autos'."

(Transcrito da reportagem "A Justiça do Além",
de Antônio José de Moura, *Diário da Manhã*,
Goiânia, G0, 17/9/1980, p. 9.)

"Orimar de Bastos agiu corretamente.
Ele me merece todo o respeito."

"Acho que o Orimar estava certo – afirma o criminalista Wanderley de Medeiros, acrescentando: – Um dos maiores pensadores americanos, Oliver Wendel, que aliás foi presidente da Suprema Corte dos Estados Unidos, disse que todo julgamento contém uma premissa maior inarticulada. Define-a como sendo o conteúdo subjetivo do juiz, resultante de sua formação religiosa, ideológica, filosófica, sociológica, etc. O juiz então forma sua convicção a partir das coisas que ele já tem em sua cabeça, antes da consumação do fato. Se é espírita ou, pelo menos, acredita na validade da psicografia, o magistrado tem que se deixar influenciar pela sua crença. Orimar de Bastos agiu assim e, a meu ver, corretamente. Ele me merece todo o respeito. Eu, por exemplo, formo minha convicção partindo de dados que, muitas vezes, não são materiais ou visíveis."

(Transcrito da mesma reportagem anteriormente citada.)

"O juiz Orimar de Bastos teve o privilégio de
iniciar uma nova visão interpretativa do crime."

"Há alguns anos, desenvolvemos em palestra proferida no Grupo Espírita 'Guerra Junqueiro', de Itapetininga, o tema relativo ao crime sob a interpretação espírita.

Lembramos, naquela oportunidade, que não seria possível ignorar a influência do mundo incorpóreo, ou seja, dos espíritos sobre os encarnados na ocasião em que se processa um julgamento na Justiça humana.

A verdade é que *somos livres, mas somos responsáveis.*

E a análise espírita do crime e do criminoso nos compele ao conceito de liberdade com responsabilidade, mas nos concede através do instituto da *reencarnação* a extraordinária ocasião de poder recompor a vida nas sucessivas oportunidades do berço que nos abriga no lar, e que é, muitas vezes, a esquina do reencontro de filhos-credores com pais-devedores, de irmãos endividados com os prejudicados de ontem, de amores frustrados para a renovação das provas, no encanto sublime de uma Justiça que não falha, porque a ela não escapam os detalhes mais íntimos do coração e as manifestações mais recônditas do sentimento.

Essas observações se tornam necessárias quando um Juiz decide absolver um réu acusado de *homicídio* com base em uma mensagem psicográfica recebida do "morto" através da mediunidade de Francisco Cândido Xavier.

A imprensa de todo o país tem se ocupado dessa importante e inédita decisão.

(...) O processo-crime teve seu andamento normal, chegando finalmente às mãos do julgador para a manifestação final.

Este, tomando conhecimento da mensagem anexada aos autos, absolveu o réu, três anos após o desenlace de Maurício Garcez Henrique.

Não se conhece precedente na história judiciária, porém essa decisão é daquelas que abrem amplo caminho para um futuro não muito distante, em que as circunstâncias serão pesadas não apenas tendo em conta os fatos constantes dos autos, como também outras observações de interesse para o conhecimento da *verdade real,* colocada acima da *verdade formal.*

(...) Ante a revolução social e tecnológica dos nossos dias, impõe-se uma reformulação das leis que nos regem para que elas possam permitir decisões mais justas, que se apóiem não apenas nas aparências ou nos fatos capazes de serem deformados pelo erro, pelo equívoco, pela má fé.

E preciso, no crime, penetrar-lhe as raízes mais profundas, alcançando o processado num exame de sua verdadeira personalidade e de suas condições ou qualidades mediúnicas para a conceituação dolosa ou culposa da infração, ou para aferir a proporção em que o seu *livre-arbítrio* participou ou não na elaboração ou execução delituosa.

Para Kardec *(O Livro dos Espíritos)* a lei natural é a lei de Deus, a única necessária à felicidade do homem. Ela é eterna e imutável. As leis humanas é que precisam ser atualizadas e revistas porque são imperfeitas.

A verdade é que, segundo bem enuncia Emmanuel, *o maior sistema de punição* está dentro de cada um de nós, possibilitando-nos essa observação: 'A justiça humana, conquanto respeitável, freqüentemente julga os fatos que considera puníveis pelos derradeiros lances de superfície, mas a Justiça

Divina observa todas as ocorrências, desde os menores impulsos que lhes deram começo.'

O juiz Orimar de Bastos teve o privilégio de iniciar uma nova visão interpretativa do crime."

(Dr. J. Freitas Nobre, *Folha Espírita*, São Paulo, SP, outubro/1979.)

"Justiça Terrena e Justiça Divina

Muita gente está acompanhando com grande interesse o recente caso do juiz que absolveu o jovem José Divino Nunes. (...) *O Popular* de ontem trouxe matéria completa sobre o assunto, com declarações do sr. José Henrique, empresário, pai do garoto morto, e a transcrição das mensagens enviadas por Maurício, inclusive a terceira delas, isentando totalmente o jovem acusado do crime. Ao contrário do que o sr. José Henrique está pensando, receoso da grande publicidade alcançada pelo caso, acho que ele deveria divulgar ao máximo, como contribuição à prática da religião de que as pessoas tanto se afastam.

Enfim, a gente só pode desejar ao sr. José Henrique que, após essa terceira e elucidativa carta, ele possa reencontrar a paz interior e viver para seus outros filhos – que, evidentemente, irão precisar de sua calma e trabalho –, sabendo agora que seu filho Maurício está bem. E em paz."

(Crônica da Coluna "Arthur Rezende", *O Popular*, Goiânia, GO, 27/9/1979. p. 16.)

ONEGRAMA DITE PELO TELEFONE O SEU TELEGRAMA

ECT FONEGRAMA DITE PELO TELEFONE O SEU TELEGRAMA

ECT

23881 Z GOGA
27281-B URUR
03/1526
ZCZC URA628 00136 20
GOGA CO URUR 069
UBERABA/MG 69/64 03 1440

274

GOIANIA 03 06 80

TELEGRAMA
SR. JOSE HENRIQUE
AV. HONESTINO GUIMARAES, 914
GOIANIA/GO(74000)

GRANDE ALEGRIA MUITA EMOCAO PRONUNCIAMENTO DIGNA JUSTICA ESTADO DE GOIAS CONFIRMANDO DESPACHO DOUTOR ORIMAR DE BASTOS QUE ABSOLVEU JO-VEM JOSE DIVINO PT AGRADECO RECONHECIDAMENTE PREZADO AMIGO E SUA ESTIMADAESPOSA DONA DEJANIRA GENEROSIDADE COM QUE SOUBERAM HONRAR PETICAO QUERIDO MAURICIO PT DEUS OS RECOMPENSE PT LOUVADO SEJA JESUS PT ABRACO SERVIDOR RECONHECIDO
CHICO XAVIER

COL 914

Cartório - 3.ª ZONA
Reg. de Imóveis - Goiânia (GO)
Certifico para os devidos fins que a fotocópia, confere com o original apresentado. (Dec. Lei 2.148)
24 SET 1980
Dra. MARIA A. C. SEIXO DE BRITTO BEZERRA
Oficial
Dr. FABIO IVO BEZERRA
Sub Oficial

NNNN+
23881 Z GOGA
27281 B URURV

ECT TELEGRAMA DE TEMPO E DINHEIRO

ECT TELEGRAMA ECONOMIA DE TEMPO E DINHEIRO

SAUDADES

O CÉU ESTENDIA-SE DE AZUL

Em um desses dias,
que sentimos uma paz imensa
olhando o espaço infindo,
recordei... de quando
juntos vadiávamos,
pela vida em ziguezague.

Você era traquino
Você era travesso
Você era amável
Você fazia travessias
pelas ruas da vida.

Falávamos de um amanhã...
Sim, de um possível amanhã,
amanhã que para você
não foi possível, pois,
partiste sem dar um aceno.

Quantas vezes testemunhei,
dando doces às crianças
consolando os doentes
e amando os velhos.
Você sempre tinha
um bom agrado a todos.

Você viveu e amou
Você ofendeu e perdoou
Você chorou e sorriu
Você gritou e vibrou
Você partiu no galopar etéreo.

Você despediu de todos,
apenas com atos,
sublimes atos – atos tão sublimes,
que hoje veio nos revelar
que a partida o aguardaria
em breve... muito breve.

E em 8 de maio de 1976
nascia um dia pacato,
o céu estendia-se de azul,
o vento agitado assoviava
seu assovio mórbido,
as folhas em sussuros protestavam,
os pássaros cortavam os ares,
entristecidos não entoavam cantos.

Naquele dia morria
por entre as paredes frias
no quarto mudo de um hospital,
o amigo e colega de ginásio
Maurício Garcez Henrique
E como os demais que daqui partiram
deixou meu coração cheio de saudades.

Amir Rodrigues da Silva.

Goiânia, aos doze dias do mês de julho de 1980.

BREVE PRECE QUE VIROU POEMA

A Maurício Garcez Henrique

Colocam o corpo numa ambulância.
De admirar se não coubesse...
O rosto pálido transmite uma mensagem
Pelo pão que não comeu,
Pelo vinho que não bebeu
E pela gota de sangue que não brotou:
– Me saalllveemm!...

Tuas cartas hoje trazem teu perfume
E um retrato – a ilusão de tua presença,
E eu fico a recordar de como caçoávamos
Da vida e fazíamos do mundo
Nosso ideal tamanho.

A alma voa distante da dimensão normal
E eu me recolho triste
Ante o baque-realidade que me repete
Covarde e insistentemente
Que não és mais da terra velha de "guerra".

Mas tuas cartas trazem consolo
Precisado nessa tênue hora
De íntimo desgosto
E – mesmo que não queira –
Sinto que estás melhor aí
Do que enfrentando as "barras"
Das cercanias desse mundo
De meu Deus.

Erguerei ao alto uma prece
Para que não te esqueças do velho amigo
E no fim da vida irei te visitar.
Gastarei contigo um longo sorriso
E te contarei histórias
E irei contigo
A pagear o mundo...

Ernesto Moscardini.

(Poeta e jornalista de Goiânia, era amigo de Maurício.)

AGRADECIMENTO

Caro leitor,

Ao final desta caminhada, resta-nos agradecer ao simpático e fraterno casal Sr. José Henrique e D. Dejanira Garcez Henrique, a autorização que nos deram, com vistas à organização deste livro – cujos fatos e depoimentos falam por si próprios –, e pela grande contribuição ao mesmo, fornecendo-nos com a maior presteza as cartas psicografadas do saudoso filho, bem como uma cópia xerográfica completa do Processo e todo o material jornalístico, fotográfico e outros, aqui reproduzidos.

A colaboração do progenitor de Maurício superou a nossa expectativa, conseguindo, por exemplo, a nosso pedido, com trabalho exaustivo de pesquisa (incluindo viagens a outros municípios), a identificação dos personagens citados nas mensagens mediúnicas desta obra, a maioria pertencente à História do Estado de Goiás.

Completando o painel deste singelo Agradecimento, transcreveremos a carta de autorização do casal, que tanto nos sensibilizou:

"Goiânia, 28 de fevereiro de 1980.

Estimado amigo Hércio,

Que a paz de Deus e o amor ao próximo estejam em seu coração.

Recebemos com muita alegria sua carta datada de 20/2/80.

Ficamos muito contentes, e o senhor já tem nossa autorização para publicar o livro sobre o nosso Maurício, e de antemão oferecemos nossos préstimos para o que necessitar: dados, fotos, recortes de jornais, partes do Processo, etc.

Para sua informação, o moço José Divino deverá ir a Júri Popular ainda este ano. No entanto, estamos empenhados em sua absolvição e me ofereci como testemunha de defesa, e espero ter forças e argumentos necessários para ajudá-lo, e com isto, ajudar também ao Maurício.

Queremos lhe agradecer a inclusão da Mensagem de Maurício no livro *Anuário Espírita* 1979, esperando que, como nós, ao lê-la, outras mães e pais possam encontrar na religião espírita o mesmo consolo e a mesma certeza que hoje possuímos.

Pedindo a Deus que o fortaleça na tarefa de difundir as verdades espíritas, apresentamos o nosso abraço,

dos Amigos

(a) José Henrique

Dejanira Garcez Henrique."

Araras, 4 de maio de 1982.
Hércio Marcos Cintra Arantes.